Découvrez l'histoire par les archives de presse

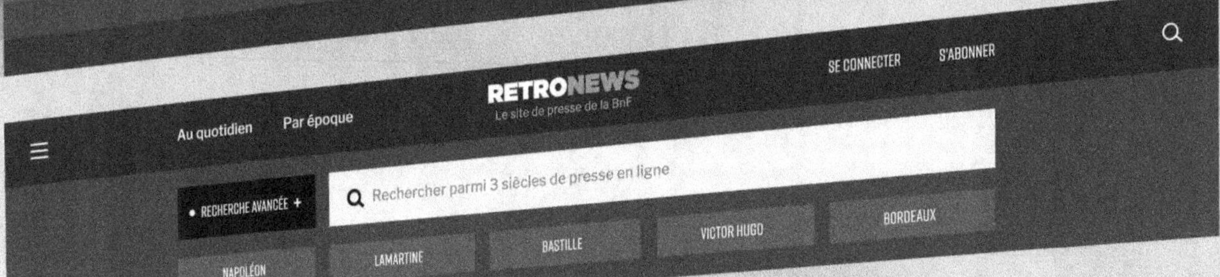

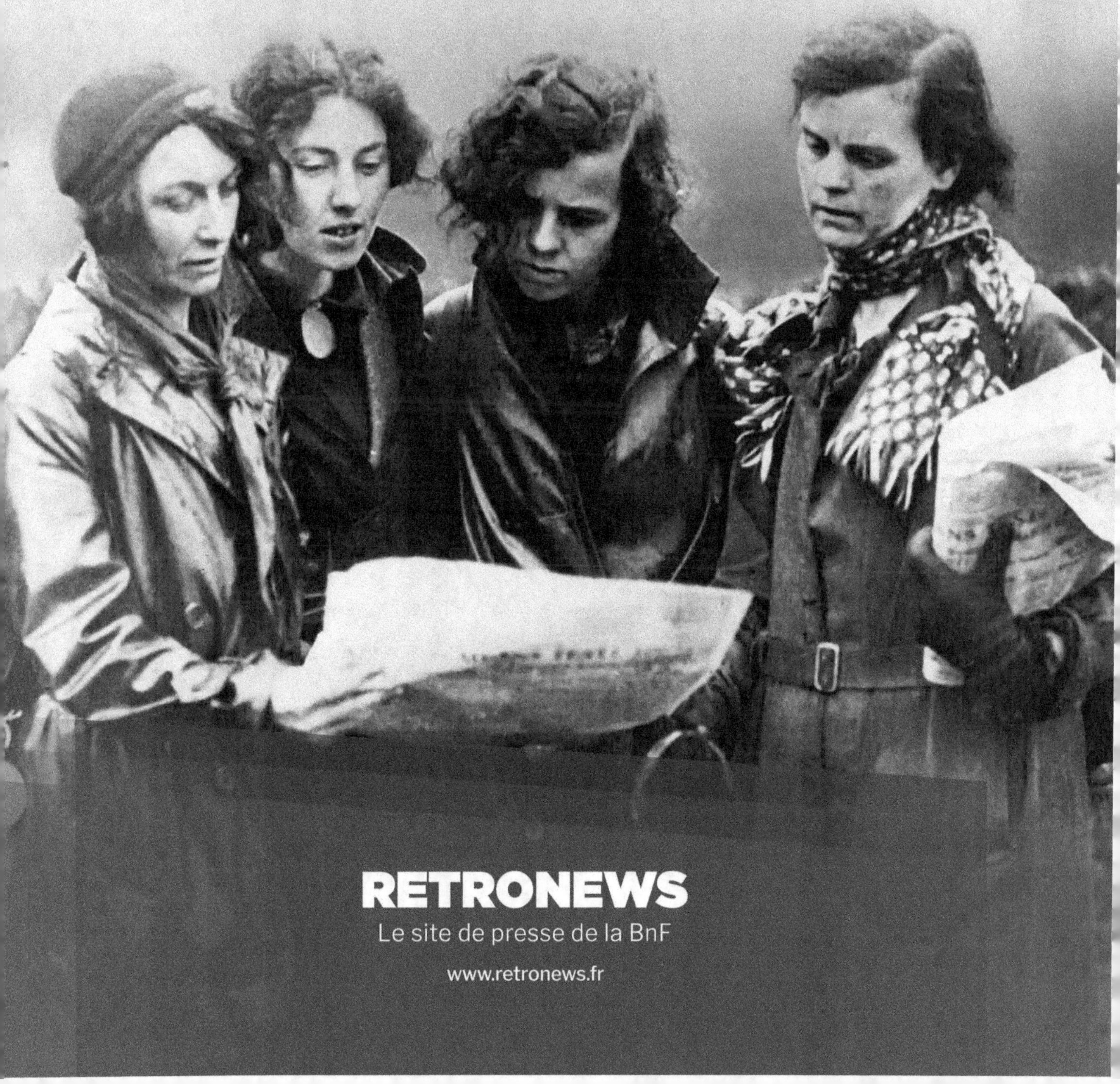

RETRONEWS

Le site de presse de la BnF

www.retronews.fr

MÉMOIRES

DE

L'ACADÉMIE NATIONALE

DE METZ

CIII^e ANNÉE — 4e SÉRIE — IIIe ANNÉE

1922

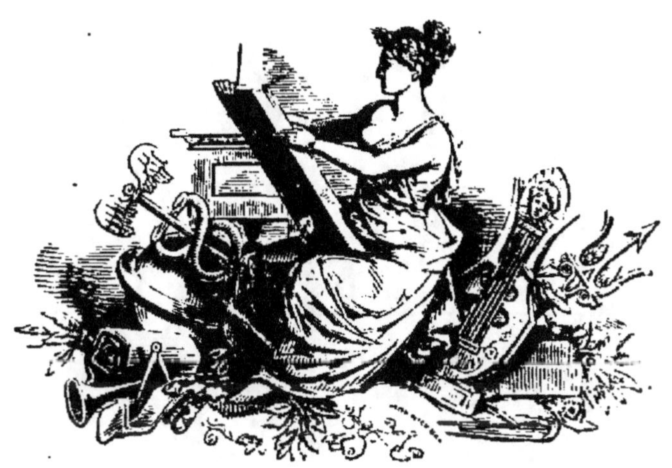

METZ
IMPRIMERIE LORRAINE (ÉDITION & IMPRESSION)
IMPRIMEUR DE L'ACADÉMIE
Rue des Clercs, 14

—

1923

MÉMOIRES

DE

L'ACADÉMIE NATIONALE DE METZ

MÉMOIRES

DE

L'ACADÉMIE NATIONALE

DE METZ

CIIIe ANNÉE — 4e SÉRIE — IIIe ANNÉE

1922

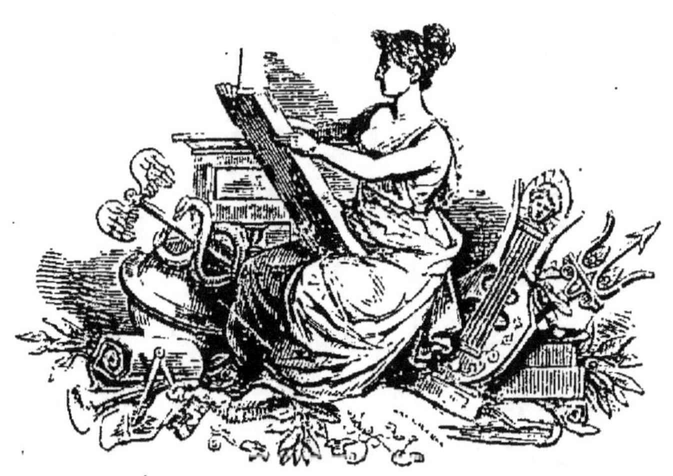

METZ

IMPRIMERIE LORRAINE (ÉDITION & IMPRESSION)

IMPRIMEUR DE L'ACADÉMIE

Rue des Clercs, 14

—

1923

SÉANCE ANNUELLE

DISCOURS

Prononcé par **Victor PREVEL**

Président de l'Académie

A LA SÉANCE PUBLIQUE ANNUELLE DU 21 MAI 1922.

MESDAMES, MESSIEURS,

Au nom de l'Académie nationale de Metz, je salue respectueusement et cordialement toutes les personnes qui lui ont fait aujourd'hui l'honneur de se déranger pour venir assister à sa séance publique annuelle.

Depuis trois ans, l'Académie a repris ses anciennes traditions en venant faire publiquement à tous ceux qui s'intéressent à elle un compte-rendu détaillé de sa situation, des principaux travaux auxquels elle s'est livrée au cours de l'année académique, et en proclamant les lauréats de ses concours et des prix de vertu qu'elle est appelée à décerner chaque année grâce à la générosité de bienveillants donateurs.

A ce propos, je ne puis me dispenser de pousser un cri d'alarme :

A la suite des événements de la guerre et de leurs conséquences, l'Académie a vu, comme tant d'autres institutions, hélas ! ses revenus diminuer considérablement.

Il en résulte qu'elle ne dispose plus des mêmes sommes qu'autrefois pour constituer les prix qu'elle a reçu la charge de répartir.

Le prix Herpin, par exemple, qui, d'après les intentions de son fondateur, devait consister en une somme de 800 francs à attribuer tous les quatre ans au meilleur ouvrage intéressant le pays, ne pourra plus désormais être distribué que tous les dix ou douze ans !

Les sommes qu'on pourrait employer chaque année pour récompenser des actes de dévouement, de courage ou de vertu sont aussi sensiblement réduites, de sorte que, déjà cette année, l'Académie a dû se montrer plus parcimonieuse pour les prix qui seront proclamés tout à l'heure.

Et ces restrictions doivent s'étendre aussi aux médailles accordées par l'Académie aux ouvrages couronnés à ses concours.

Bien souvent, il faut convertir en bronze la médaille qui autrefois eût été en argent ou en argent celle qui eût été en or !

Quel remède apporter à cette situation ? L'Académie n'en trouve point à sa portée et doit se contenter d'une attitude expectante.

Peut-être quelque généreux Mécène aura-t-il à nouveau la pensée d'imiter nos anciens bienfaiteurs : les Bouchotte, les de Ladoucette, les Pêcheur, les Herpin, etc., ou d'imiter, en petit, l'exemple magnifique que vient de donner au monde M. Cognacq-Jay, en donnant à l'Académie française des sommes énormes pour récompenser chaque année les familles nombreuses de France !

Si pareille éventualité se réalise, l'Académie de Metz sera heureuse de se faire la dispensatrice de ces bienfaits.

En tous cas, elle ne peut avoir qu'une attitude passive, sa dignité lui interdisant de se faire solliciteuse, et elle doit se contenter d'attendre l'initiative des personnes qui voudraient perpétuer leur nom en fondant un prix nouveau.

Mais l'Académie ne restera pas inactive pour cela, car sa grande et illustre sœur, l'Académie française, a bien voulu nous demander déjà de l'aider à répartir dans notre région les prix de la fondation Cognacq-Jay.

Je veux, à cette occasion, vous lire un passage de la lettre que M. Frédéric Masson, Secrétaire perpétuel de l'Académie française, nous a écrite dernièrement pour vous permettre d'en apprécier la haute élévation de pensée :

« Plus nous pourrons, dit-il, resserrer les liens qui uniront nos deux Académies, mieux vaudra. Je vous remercie infiniment d'avoir agréé une proposition qui a pour premier objet d'établir entre des Sociétés de France une sorte de correspondance dont nous apprécierons, tous, les avantages. Si l'Académie française n'a point hésité à députer vers vous quelques-uns de ses membres les plus éminents, c'est que, sans avoir déterminé encore le plan qu'elle suivrait, elle comprenait la nécessité d'établir une cohésion qui continuerait l'*Union sacrée* et en maintiendrait les bienfaits entre Français ! Je vous remercie donc de tout ce que vous voudrez bien faire. »

Je n'ai pas besoin de vous dire, Mesdames et Messieurs, que l'Académie fera tout ce qui dépend d'elle pour se montrer digne de la noble tâche qui lui est assignée par l'illustre Société savante, en restant ainsi fidèle à sa noble tradition séculaire !

* *

Avant de quitter le fauteuil de la présidence auquel, de par son règlement, l'Académie de Metz élève, chaque année, un de ses membres, je voudrais jeter encore un rapide regard sur le chemin parcouru depuis l'armistice.

Que notre dévoué Secrétaire ne s'émeuve pas et se rassure ! Je n'ai pas l'intention d'empiéter sur ses attributions et je n'oublie pas que c'est à lui qu'il appartient de faire le compte-rendu de l'exercice écoulé !

Mais le Président doit voir les choses de plus loin et il est parfois très intéressant de diviser l'existence d'une Société en périodes et d'en examiner les résultats.

L'Académie de Metz est plus que centenaire. Je n'irai pas jusqu'à réveiller ses années de jeunesse qui, pourtant, j'en suis persuadé, pourraient être dévoilées à tous les regards, car tout le monde sait qu'elle est une respectable personne qui n'a jamais donné aux mauvaises langues l'occasion de s'exercer à ses dépens !

Je ne m'appesantirai pas davantage sur le dernier demi-siècle de son existence, qui comprend la période pénible de l'annexion dont elle s'est, vous le savez, tirée fort honorablement, mais dont elle est sortie dans un état de langueur, je dirai même de léthargie fort inquiétant.

Notre honorable collègue, M. l'abbé Thorelle, nous a délicieusement dépeint cette situation dans la charmante pièce de vers dont il nous a donné lecture lors de la première séance publique d'après la guerre, en 1919, dans cette si mémorable cérémonie dite du Centenaire de l'Académie. Il nous a décrit cette charmante personne qu'est notre

Académie refusant tout le sang nouveau que voulaient lui infuser les doctes médecins germaniques qui s'intéressaient à sa santé et....... à sa fortune! et préférant se laisser mourir plutôt que de se prostituer!

Et il nous a montré ensuite cette pauvre mourante reprenant soudain de la vie au bruit des clairons dont les Poilus de France faisaient retentir les rues de notre vieille Cité messine.

C'était un miracle, opéré par le vivifiant air de France qui nous arrivait!

Or, il est intéressant de regarder ce qu'est devenue notre pauvre malade.

Ce n'est pas sans un certain orgueil que je vous la présente aujourd'hui pleine de vie et de santé.

Elle qui était réduite, il y a trois ans, presqu'à l'état de squelette et ne donnait plus que de faibles signes de vie, est redevenue une personne vigoureuse et plantureuse qui ne demande qu'à travailler.

Si vous voulez savoir comment s'est opérée cette extraordinaire transformation, je puis vous le dire en toute assurance:

Les médecins germaniques avaient vu juste: C'est bien une transfusion de sang nouveau qu'il fallait à notre malade. Seulement cette fière personne, qui s'était orgueilleusement refusée à recevoir du sang allemand, s'est, au contraire, prêtée de bonne grâce à l'opération avec du sang français, et le résultat a été merveilleux!

Quittant le langage parabolique, je vous dirai que nous avons eu la satisfaction, dans ces deux dernières années, de recruter des nouveaux membres d'une réelle valeur, grâce auxquels, non

seulement au point de vue du nombre, mais aussi
à celui de la qualité, notre Académie a retrouvé
une situation qu'on ne lui connaissait plus depuis
bien longtemps.

Nos cadres se sont même trouvés, à un moment
donné, absolument au complet. Malheureusement,
la Grande Faucheuse n'a pas tardé à venir y
creuser de nouveaux vides et, au cours de cette
année, nous avons eu à déplorer la mort de trois
membres titulaires qui, à des titres divers, nous
étaient bien chers. J'ai nommé le général de
Maud'huy, le chanoine Collin et le professeur
Pierre Braun, sur lesquels M. le Secrétaire vous
donnera des détails dans son rapport.

Trois sièges sont donc vacants.

Néanmoins, nous avons tout lieu d'être fiers de
la situation à laquelle nous sommes parvenus en
si peu de temps. Et maintenant, grâce à la diver-
sité des talents qui ont trouvé accès à l'Académie,
il nous est présenté presqu'à chaque séance des
travaux aussi savants qu'intéressants.

Je considère qu'avec l'année académique finis-
sante, c'est aussi la période de réorganisation qui
se termine, faisant heureusement suite à la période
peu brillante, mais combien méritoire, de l'annexion.

Mes distingués collègues ont voulu honorer en
ma personne ceux qui ont lutté pendant l'occupation allemande pour conserver la vie à l'Académie
de Metz, car c'est ainsi que j'interprète l'honneur
qu'ils m'ont fait l'an dernier en m'élevant pour la
troisième fois à la présidence.

Je les en remercie du fond du cœur, et c'est
avec la satisfaction que procure le sentiment du
devoir accompli que je passerai tout à l'heure, pour

la première fois, la présidence à un de nos éminents compatriotes, à qui la victoire des armes françaises a permis de revenir parmi nous et de devenir un de nos collègues.

C'est en cette qualité que je suis heureux de saluer ici notre cher ami le colonel Deville !

Voilà donc une nouvelle phase qui s'ouvre pour les annales de l'Académie.

Nous autres anciens qui avons lutté, peiné et, j'ose le dire, bien besogné, pouvons prendre un repos bien mérité et assister au travail fécond que ne manqueront pas d'accomplir nos nouveaux collègues, parmi lesquels nous avons la satisfaction de compter tant d'hommes éminents en même temps que de si bons Français.

L'horizon qui s'élargit aujourd'hui devant nous est plein de promesses pour l'antique Académie nationale de Metz.

J'ai bon espoir qu'on saura les réaliser et qu'à un passé glorieux s'ajoutera un avenir plus glorieux encore.

Tel est le vœu que je me permets d'exprimer en terminant.

COMPTE RENDU

DES

TRAVAUX DE L'ACADÉMIE DE METZ

PENDANT L'EXERCICE 1922

PAR

Léon MAUJEAN, Secrétaire.

MESSIEURS,

Si je ne craignais de me rendre coupable d'une irrévérence, je dirais que le rapport du secrétaire n'est autre chose qu'une revue de fin d'année; mais comme cette expression ne manquerait pas d'évoquer l'idée des burlesques pièces de théâtre qui portent ce nom, j'aime mieux assimiler cet exposé de vos travaux et de votre vie littéraire à un examen de conscience, et ce avec d'autant plus de raison, que l'examen de conscience n'aboutit pas forcément au meâ culpâ.

Les nombreux sous-titres de notre Académie nationale de Metz n'appellent pas seulement à vous tous les talents. Ils ouvrent aussi à vos travaux et à votre attention de larges horizons dans toutes les directions où peut se développer l'esprit humain.

Le retour à la France de notre département a imposé en outre à notre compagnie une double tâche.

D'une part, mettre en lumière les faits de l'histoire locale, recueillir les récits propres à faire connaître la vie du peuple lorrain durant sa longue captivité, ses angoisses, les menaces et les séductions au moyen desquelles l'Allemagne tenta de le dompter ou de le corrompre ; d'autre part, faire pénétrer dans tous les milieux les bienfaits de la culture et de l'esprit français. Il s'agissait en un mot de faire mieux connaître la Lorraine à la France, de faire mieux connaître la France à la Lorraine.

Voyons, Messieurs, si l'Académie s'est acquittée consciencieusement de ce double devoir.

Toutefois, avant de procéder à l'examen analytique sommaire des travaux de l'année, je dois vous rappeler le souvenir des confrères que nous avons perdus dans cette période de temps.

Ce sont M. le général de Maud'huy, M. le chanoine Collin, M. Victor Lametz et M. Pierre Braun.

M. le général DE MAUD'HUY est né à Metz en 1857. Tout jeune encore, il émigra et entra à Saint-Cyr. Son père, chef de bataillon aux Grenadiers de la Garde Impériale, avait été tué à Magenta en 1859.

Après sa sortie de l'École militaire, il fut successivement professeur-adjoint à l'École de guerre, commandant du 20e bataillon de chasseurs à pied, professeur de tactique, d'histoire militaire et de stratégie. Son ouvrage sur l'Infanterie l'avait fait connaître dans tous les états-majors de l'Europe.

Son activité pendant la guerre est trop connue pour qu'il soit nécessaire d'en parler ici.

D'une bravoure à toute épreuve, nerveux, saccadé dans tous ses actes, fumant, calme et impassible, sa pipe au plus fort de la bataille, le général de Maud'huy fut un grand entraîneur d'hommes, et il est un de ceux qui contribuèrent puissamment à la libération du territoire.

Au Palais-Bourbon, le général de Maud'huy eut vite fait de se conquérir une renommée de bon aloi. Il eut d'ailleurs le souci de n'intervenir que dans les affaires qu'il connaissait directement.

Elu membre titulaire de l'Académie en 1920, il fut, jusqu'à son élection à la Chambre des Députés, un confrère très assidu et déploya dans vos séances une grande activité.

Le général de Maud'huy a payé sa dette à la guerre, car sa maladie de poitrine, suivie de congestion pulmonaire et de pleurésie, est une suite des fatigues de la campagne et du chagrin que lui causa la perte de son fils aîné.

Pendant deux ans, grâce à sa force de volonté, il put résister au mal qui le minait. A la fin, il succomba.

La légende s'est emparée de cette figure martiale, si petite de taille, si grande par la bravoure. Son endurance pour lui-même, sa bonté envers les soldats, auxquels il prodigua pendant la guerre toutes les douceurs imaginables, resteront vivantes tant qu'il y aura en France des bataillons de chasseurs à pied.

M. le Chanoine Henri-Dominique Collin est né à Bourges, où son père avait été nommé garde du génie, mais il revint, tout jeune encore, à Clouange, d'où sa famille était originaire, et se voua à l'état ecclésiastique. Ordonné prêtre en 1877, il fit d'abord un stage comme vicaire de Saint-

Martin, puis devint en 1883 le collaborateur de l'abbé Jacques au journal *Le Lorrain*, qui venait d'être fondé. Ce fut là le début de sa carrière politique.

N'attendez pas de moi, Messieurs, que je vous retrace, même dans ses grandes lignes, cette carrière si bien remplie, si éminemment française, de notre regretté confrère.

Qu'il vous suffise de savoir qu'il fut pour l'Académie de Metz ce qu'il a été pour notre Lorraine durant la période de l'annexion : un grand Français et un fidèle Lorrain. Ici comme là, il a laissé un vide qui ne sera que difficilement comblé.

Elu membre titulaire en 1898, en même temps que MM. Prével et Lamy, — il faut avouer que l'année a été bonne, — il fut déjà, la même année, rapporteur de la commission pour les prix de vertu. Il le fut encore plusieurs fois dans la suite, et ce fut pour vous, à chaque reprise, l'occasion d'un véritable régal littéraire.

Quoique absorbé par de nombreuses et graves occupations, il resta constamment fidèle à l'Académie et en fut même, dans les moments difficiles, l'un des membres les plus assidus.

A deux reprises, il fut élu président : en 1902-03 et en 1913-14.

Comme il était bien à sa place au fauteuil présidentiel !

Avec quelle autorité, avec quelle aisance il dirigeait les débats, dans n'importe quel ordre de choses, son éclectisme lui permettant de n'être jamais en défaut.

Voici l'Académie ! s'écriait-il gaiement lorsque votre secrétaire entrait dans la salle de rédaction du *Lorrain*, et, de la meilleure grâce du monde, poussant de côté les monceaux de papier qui lui fermaient l'horizon, il réglait les affaires de votre compagnie. Jamais je ne vis sur sa figure, si accablé de travail fût-il, une ombre de mauvaise humeur.

Et dans les moments difficiles, avec quel doigté il abordait et réglait les questions les plus épineuses!

Qui ne se souvient de la séance mémorable au cours de laquelle échoua la candidature d'un savant allemand ?

C'était M. l'abbé Collin qui était rapporteur de la commission, et celle-ci s'était prononcée, par deux voix contre la sienne, pour l'élection. Il avait donc à présenter un avis favorable. Le candidat jouissait d'ailleurs d'une certaine notoriété dans le monde savant, et il eût été dangereux pour l'Académie de lui faire un reproche de sa nationalité.

La mission du rapporteur était difficile entre toutes. Voici comment il s'en tira.

Il appuya surtout, dans son rapport, sur les titres du candidat, qui faisait partie, comme membre correspondant, de vingt-deux sociétés savantes et collaborait à de nombreuses revues.

Or on connaît les noms rébarbatifs qu'avaient adoptés les sociétés allemandes, par suite de l'épuration de la langue et de l'exclusion des mots étrangers. Il y en avait pour une grande page à lire, et ce furent peut-être les seuls mots d'allemand que prononça jamais notre confrère.

Dès qu'on s'aperçut des difficultés énormes qu'éprouvait le rapporteur à la prononciation de ces mots barbares, des voisins complaisants s'interposèrent. L'un demanda à se charger de la lecture

du passage difficile, l'autre proposa de passer outre.
D'un geste énergique, M. l'abbé Collin refusa.

Et les académiciens amusés virent défiler devant
eux, horriblement défigurés, écorchés jusqu'à l'in-
vraisemblance, les titres des vingt-deux sociétés
savantes d'outre-Rhin, et des nombreuses revues,
plus savantes encore. On ne leur fit grâce d'aucune.

Lorsque le rapporteur s'arrêta, épuisé, la cause
était jugée. Avec infiniment d'esprit et d'à-propos,
et tout en rendant justice aux travaux scientifiques
du candidat, M. l'abbé Collin venait de démontrer
qu'il ne saurait y avoir rien de commun entre le
titulaire de ces sociétés aux noms barbares et
l'Académie de Metz.

Depuis son élection au Sénat, M. Collin n'assis-
tait plus aux séances académiques, mais il conti-
nuait à s'intéresser à vos travaux, et tous vous
savez que son dévouement vous était acquis, et
qu'en cas de difficulté il fût de nouveau entré dans
la lice.

M. Pierre-Victor Lametz est né le 12 mai 1834,
dans la maison nº 16 de la rue Sainte-Marie, où il
est mort le 8 février dernier. Son père était établi
éperonnier dans la boutique du rez-de-chaussée. Il fit
ses classes à l'École supérieure de Metz, puis, vers
1852, alla à Nancy pour y apprendre le commerce.
En 1855, son père ayant acheté à son intention la
fabrique de produits chimiques de Vallières, il revint
habiter Metz, qu'il ne quitta plus.

D'un caractère agréable, d'une politesse exquise,
brillant causeur, M. Lametz semblait un gentil-
homme échappé du Grand Siècle et égaré dans
notre ère de sens pratique à outrance.

Quoique très écohome pour son compte, et s'interdisant la moindre dépense somptuaire, il aimait à faire le bien en cachette, ne voulant pas avoir de remerciements. Il avait étudié sur toutes ŝes faces la crise industrielle qui sévissait en Europe après la guerre de 1870 et les moyens d'améliorer la situation de la classe ouvrière. Longtemps avant les assurances obligatoires, il avait fondé, dans son usine de Vallières, une caisse de malades qu'il alimentait de ses propres deniers, et dont son personnel faisait copieusement usage.

A soixante-dix ans, M. Lametz était toujours l'homme aimable et distingué que vous avez connu, alerte d'esprit et de corps, lorsqu'il ressentit les premières atteintes du mal qui devait l'emporter.

A partir de 1913, il n'assista plus aux séances académiques et échangea, conformément aux dispositions du règlement, son titre de titulaire contre celui de membre associé résidant.

L'œuvre de M. Lametz est considérable, et vos mémoires n'en contiennent qu'une faible partie. Elle s'étend sur la mécanique, les diverses questions sociales, les assurances ouvrières, les machines agricoles, les engrais, etc.

A chaque réunion mensuelle, M. Lametz apportait un mémoire, mais il n'en faisait lecture que lorsque l'ordre du jour ne suffisait pas à remplir la séance.

A l'époque où la fréquentation des séances mensuelles laissait bien à désirer, où les mémoires n'arrivaient que rarement, votre secrétaire est allé souvent frapper à sa porte, et jamais il n'en est revenu les mains vides.

Il lui en gardera une éternelle reconnaissance.

M. Braun était un jeune parmi nous. — Dans les académies, la jeunesse atteint parfois une durée extraordinaire.

L'un des premiers après l'armistice, il était venu à vous, et vous vous étiez empressés de l'accueillir à bras ouverts, fondant sur sa collaboration les plus grandes espérances.

Il s'en est allé sans vous avoir donné la mesure de son savoir, l'une des dernières victimes, espérons-le, de la Grande Guerre.

M. Pierre Braun naquit à Paris en 1881. Son père, Messin d'origine, avait opté pour la France en 1871.

Élève de l'École normale supérieure de 1903 à 1906, il fut reçu à l'agrégation au concours de 1906 et nommé, la même année, professeur d'histoire au lycée de Nancy.

C'est à ce poste que le trouva la guerre. Mobilisé comme lieutenant de réserve au 69e régiment d'infanterie, il nous revint capitaine, chevalier de la Légion d'honneur, titulaire des croix de guerre, française et belge.

A Nancy, M. Braun collabora à de nombreuses revues historiques, où il traita de préférence l'histoire de la Lorraine. En 1906, il entreprit une enquête sur le gouvernement de la Ferté-Sénectère (1643-1661), dont il condensa les résultats dans un volume couronné par l'Académie de Stanislas.

Son but, disait-il, était de donner une idée suffisamment claire, à la fois des tendances et des procédés de l'administration française, et des infortunes et de la résistance lorraines. Écrit dans un style d'une élégante simplicité, ce travail dénote par la logique de sa disposition, par l'impartialité

de son exposé, la haute probité intellectuelle
de l'historien et l'excellence des méthodes auxquelles il a été formé. M. Braun était membre
associé correspondant de l'Académie de Stanislas,
à Nancy.

Les biographies que vous trouverez dans le volume de 1922 témoigneront de nos regrets et de
l'estime toute particulière que nous avons pour
nos chers défunts.

Si pénible que nous soit cette séparation d'avec
des collègues aimés et estimés, nous avons le devoir d'envisager l'avenir avec confiance, car l'Académie ne meurt point. De nouveaux membres
viennent tour à tour prendre la place de ceux qui
sont disparus et continuer, à travers les années,
dans notre ville de Metz, ces traditions de labeur,
de patientes recherches, d'émulation pour la science
qui vous ont valu de compter parmi vous des
hommes justement célèbres par leur intelligence,
leur savoir et leurs travaux.

C'est dans ce sentiment que j'adresse mes compliments à nos nouveaux collègues.

La classe des membres honoraires a ouvert ses
rangs à sept nouveaux membres :

Mgr Grente, évêque du Mans ;

Mgr Baudrillart et M. Maurice Barrès, de l'Académie française ;

M. André Hallays, publiciste ;

M. Alfred Rebelliau, membre de l'Institut ;

M. Fortunat Strowski, professeur à la Sorbonne ;
qui ont pris une si large part à l'organisation des
fêtes de Bossuet, en 1921 ;

et enfin, à la séance de février, à M. le général
de Lardemelle, commandant du 6e corps.

M. le général CHARLES-MARIE DE LARDEMELLE, né à Metz en 1867, appartient à l'une des plus anciennes familles de notre ville. L'histoire a déjà fixé les hauts faits de notre nouveau membre honoraire et de la 74ᵉ division. Tous les secteurs de bataille, depuis la Montagne Sainte-Geneviève jusqu'au massif de Villers-Cotterets, en passant par Verdun et le fort de Vaux, furent témoins de l'héroïsme de cette troupe d'élite et de son chef.

Aujourd'hui, il rentre comme gouverneur, commandant d'un corps d'armée, dans cette ville de Metz où il a vu le jour. L'Académie ne pouvait que lui ouvrir ses portes toutes grandes.

Quatre membres titulaires sont venus prendre place parmi vous, MM. Carrez, Blondeau, Bourgoin et Baudouin-Bugnet.

M. CARREZ, professeur agrégé d'histoire au Lycée de Metz, est originaire de Cosges, aux environs de Lons-le-Saulnier. C'est lui qui fut chargé des cours d'histoire aux conférences d'hiver.

Non content de faire connaître à la Lorraine désannexée la patrie française, dont elle avait été séparée si longtemps, il entreprit d'apprendre aux Français de la métropole le passé de notre pays, et se mit courageusement à étudier l'histoire de Metz. Ses efforts furent couronnés de succès, et l'on vit affluer à ses conférences un public aussi nombreux qu'empressé et recueilli.

M. Carrez est un de ces esprits avides de savoir et de culture intellectuelle, soucieux d'accroître et de répandre la variété de leurs connaissances et le fruit de leurs travaux.

M. Georges Blondeau, procureur de la République, appartient à une très ancienne famille bisontine, dont l'origine remonte à Jean Blondeau, gouverneur au XVᵉ siècle pour les princes de Chalon, et receveur des revenus pour l'abbaye Saint-Oyen-de-Joux, dans le Haut-Jura. Les Blondeau de la branche franc-comtoise se transmirent cette double charge de père en fils pendant plus de trois siècles. Une branche de la famille vint se fixer en Lorraine, et deux de ses membres remplirent même les fonctions, l'un de conseiller, l'autre de président à mortier au Parlement de Metz.

M. Blondeau a publié de nombreux travaux. Ce sont des notices, des mémoires et des biographies, édités par brochures, fascicules ou plaquettes, d'une forme extrèmement soignée, et le plus souvent illustrés d'intéressantes phototypies de l'auteur. On y trouve aussi des recherches d'ordre généalogique et bibliographique sur des familles franc-comtoises. Toutes ces œuvres sont remarquables par la distinction du style et la sûreté de documentation. L'auteur sait les animer d'une pointe d'humour qui masque l'aridité de certains sujets. Magistrat distingué, chercheur et artiste, M. Blondeau méritait à tous égards de recueillir les suffrages de l'Académie.

M. Paul Bourgoin, né à Paris en 1862, ancien élève de l'Ecole Polytechnique, eut une carrière très mouvementée. Il fut envoyé successivement à Toulon, en Cochinchine, au Gabon, au Dahomey, à Cherbourg, au Ministère des Colonies, à Tahiti, au Haut-Sénégal, au Niger, à Tombouctou.

La grande variété des fonctions qu'il exerça

brillamment dans ces postes nombreux, le tour du monde complet qu'il eut ainsi l'occasion d'effectuer, développèrent singulièrement une personnalité hautement accusée, solidement étayée par une rare vigueur tant physique qu'intellectuelle.

En 1908, il fut nommé sous-directeur au Laboratoire central de la Marine, à Paris, et c'est de cette époque que datent ces remarquables travaux sur les poudres de guerre et la balistique intérieure, qui classèrent vite M. Bourgoin parmi les techniciens les plus qualifiés.

Nommé directeur de la Fonderie Nationale de Ruelle en 1912, M. Bourgoin exerça ces fonctions pendant une grande partie de la guerre et se signala par de grands travaux sur toutes les branches de l'armement.

En juillet 1919, il quitta le service actif pour occuper à Metz ses fonctions actuelles de liquidateur général des Mines et Usines métallurgiques allemandes en Lorraine.

M. Baudouin-Bugnet est né aux environs de Besançon. Il entra dans la magistrature comme attaché au parquet de la Seine, et nous le retrouvons juge suppléant à Melun, puis juge de 1re classe à Reims. C'est en 1919 que M. Baudouin-Bugnet fut délégué à Metz, où il devint bientôt titulaire comme vice-président de 1re classe.

Au début des hostilités, en 1914, M. Baudouin-Bugnet, quoique âgé de 50 ans, demanda à être réintégré dans son grade de capitaine et fut chargé des fonctions de commandant des batteries du dépôt d'Avord. Il fut ensuite commissaire-rapporteur près le Conseil de guerre de la 3e région à Rouen, puis commissaire du gouvernement au Conseil de guerre de Lille.

On doit à notre confrère de nombreux travaux publiés dans le *Bulletin de Législation comparée*, la *Revue de Droit public* et la *Gazette du Palais*.

Vous vous êtes attaché, au titre de membre associé non résidant: M. Charles Gosselin, dont le grand-père, colonel du génie, fut jusqu'à sa mort membre titulaire de l'Académie de Metz;

et au titre de membre agrégé artiste: M. Henri Thiry, architecte diplômé, qui obtint le premier prix au concours d'affiches organisé cette année par l'Académie.

Sept nouveaux confrères sont venus renforcer la classe des membres correspondants. Cinq d'entre eux étaient venus en qualité de délégués, pour assister aux fêtes du Centenaire en 1919. Ce sont:

M. Martin Blum, bénéficier de Notre-Dame à la cathédrale de Luxembourg,

M. le Dr Schuhmacher, médecin en chef des bains de Mondorf, tous deux délégués de la Société historique, littéraire et artistique de Luxembourg;

M. Albert-Eugène Doucerain, avocat;

M. Ernest Guillemare, bibliophile;

M. Charles Lecœur, industriel;
les trois derniers délégués par la Société libre du département de l'Eure;

M. l'abbé Heckmann, archiviste de la ville de Thionville, lauréat de l'Académie en 1910;

M. André Simon, de la maison Simon-Louis frères, conseiller général, à Bruyères-le-Châtel (Seine-et-Oise).

DISTINCTIONS

Plusieurs de nos confrères ont été l'objet de distinctions, de récompenses et d'hommages hautement mérités.

M. de Vaulgrenant a été promu au grade de général, et M. Huber à celui de lieutenant-colonel.

MM. Pfrenglé et Thiria ont été nommés chevaliers de la Légion d'honneur.

Votre Président, M. l'abbé Thorelle, M. Hertzog et M. Lerond ont obtenu les palmes académiques.

M. Clément a été élu membre de la Société des Antiquaires de France, distinction qui n'avait pas été conférée en Moselle depuis 1870.

A tous ces Messieurs, l'Académie renouvelle ses plus cordiales félicitations.

TRAVAUX DE L'ACADÉMIE

Pendant l'année 1921-22, vous avez tenu, Messieurs. dix séances ordinaires, dont l'une a été présidée par M. le Préfet. Elles ont été occupées, en totalité ou en partie, par des lectures intéressant les lettres, les sciences et les arts. Indépendamment des rapports que vous connaissez déjà, ces lectures comprennent un certain nombre de travaux originaux, dont quelques-uns seront imprimés dans vos mémoires.

M. le colonel Cambuzat, membre titulaire, a présenté un drame en 5 actes et en vers : Diane de Nangis.

L'action se passe au milieu du xviiie siècle. On y trouve le cachet brillant d'une élite imprégnée des vieilles traditions françaises et des qualités caractéristiques de notre race : la bravoure et l'insouciance du soldat, d'une part; la politesse exquise des classes supérieures, d'autre part. D'un bout à l'autre du drame, on sent passer le souffle généreux de notre belle France.

M. Cambuzat a le secret de faire vibrer, en rimes sonores, l'honneur et le patriotisme.

De même que dans les exercices précédents, c'est l'histoire qui prend la plus grosse part de vos travaux.

M. Carrez vous a entretenu de la circulation au Pays Messin à l'époque gallo-romaine et pendant le haut moyen-âge.

L'auteur a établi qu'aucune région de la France, à part la Provence, n'a subi plus fortement l'empreinte romaine que la Lorraine mosellane. La vallée de la Moselle jalonne, en effet, l'une des voies les plus fréquentées de la Gaule romaine, la grande artère qui, de Marseille et de Lyon, montait vers Trèves et Cologne, et dont l'importance s'explique par des faits d'ordre géographique et historique. Elle a servi au transport de l'étain, qu'on amenait d'Angleterre et qui servait à la fabrication du bronze. Elle a peut-être aussi servi au transport de l'ambre, que l'on pêchait dans la Mer du Nord.

C'est par cette route que pénétrèrent dans nos contrées la civilisation romaine et celle de la Grèce et de l'Orient.

Vous avez entendu de M. le commandant Lalance, membre correspondant, plusieurs conférences sur les origines et le développement topographique de la ville de Metz, la date de l'établissement et celle de la destruction de l'aqueduc de Jouy,. et l'emplacement de l'enceinte du XIIIe siècle.

M. Blondeau vous a lu une étude sur Mlle de Turmel, la petite cloche qui sonne le couvre-feu. Mlle de Turmel a une légende. C'est l'histoire d'une jeune fille messine dont le fiancé meurt tragiquement loin de son pays et qui est avertie de cette mort par une cloche lointaine. Elle fait le vœu de ne jamais se marier et fait don à la cathédrale, en mémoire de cet événement, d'une petite cloche en argent. Voilà la légende! Tout autre est la vérité historique. La petite cloche, coulée en bronze, et non pas en argent, a été donnée à un couvent de Verdun. Elle est devenue, quelques années plus tard, on ignore à quelle occasion, la propriété de M. de Turmel, qui la donna à la ville pour sonner le couvre-feu.

La deuxième partie de l'étude de M. Blondeau est consacrée à la généalogie des familles de Turmel et de Lardemelle, la première remontant au maréchal de camp Jean-Joseph-Antoine de Turmel, anobli en 1746, la seconde à Charles-Thomas de Lardemelle, chef d'escadron au régiment de Puissieux, chevalier de Saint-Louis, né le 2 mars 1696.

A la séance de mars, M. l'Ingénieur général Bourgoin vous a donné lecture de la première partie de son travail sur « les notions d'espace et de temps dans la science moderne ».

L'attribution à l'une des rues de notre cité du nom de M. le chanoine Collin a été pour M. Clément, membre titulaire, l'occasion de vous lire une notice historique très curieuse sur la rue du Haut-Poirier. Elle a été publiée dans les *Cahiers Lorrains*.

M. Welter vous a présenté un mémoire sur la Haie Mijessiote. C'est une étude de folk-lore qui a pour objet l'histoire de la vieille chapelle de Saint-Quirin, aux environs de la localité du même nom, et spécialement d'une touffe de chêne qui se trouvait à proximité de la chapelle, et dont les feuilles appliquées sur les plaies avaient, parait-il, le don de guérir des humeurs froides et des écrouelles.

Le nom de cette haie proviendrait de ce que les paysans et paysannes de l'Alsace allemande, qui formaient la majorité des pèlerinages, étaient obligés de sauter en l'air pour atteindre les feuilles, ce qu'ils faisaient en s'écriant à chaque effort: Ei, min Jesus Gott! Ah, Jésus, mon Dieu, et cette invocation avait servi, chez les gens de la contrée, peu versés dans la langue germanique, à désigner le chêne bienfaisant, qui s'appela dès lors la haie Mijessiote.

M. le général de Cugnac vous a fait lecture d'une notice biographique sur le général de Maud'huy destinée au volume des Mémoires de 1921-22.

Enfin, dans la dernière période de l'exercice, l'Académie a envisagé le transfert de sa salle de réunion, devenue trop exiguë grâce à une fréquentation régulière de ses séances, et il m'a semblé qu'il serait peut-être intéressant de retracer ici ce chapitre peu connu de l'histoire de l'Académie pendant la période entre deux guerres.

Aussitôt après l'annexion de 1871, beaucoup de membres titulaires, et non des moindres, avaient pris le chemin de l'exil. D'autres s'apprêtaient à faire de même dès que les circonstances le leur permettraient. Une dizaine de fidèles à peine suivaient les séances. L'Académie semblait, faute d'aliment, vouée à une prompte disparition.

Cependant, quelques natures énergiques se refusèrent à voir mourir de sa belle mort une société plus que centenaire, qui avait rendu au pays des services aussi signalés. Ce furent MM. Abel, Dr Winsback, Durand de Distroff, l'abbé Ledain, Prost, l'abbé Fleck et Schuster.

M. Prost, notamment, s'attachait de plus en plus à sa ville natale, et il protesta un jour avec véhémence contre la qualification d'archéologue parisien que lui avait donnée M. Abel. « J'ai toujours été Messin, dit-il, et rien que Messin. Je le suis aujourd'hui plus que jamais et compte bien le rester jusqu'à mon dernier soupir. »

Bientôt on vit ces hommes intrépides combler peu à peu les vides creusés dans leurs rangs par le départ de leurs collègues. D'autre part, les legs Herpin et Ladoucette, que l'Académie fut appelée à recueillir vers 1874 et 1875, lui donnèrent une nouvelle vigueur, en lui permettant de distribuer des prix de vertu.

Il fut visible dès lors que l'Académie ne mourrait pas de consomption, et la persécution commença.

L'Académie occupait alors deux grandes salles du rez-de-chaussée du bâtiment de la Bibliothèque. Elle s'y trouvait bien chez elle, puisque c'est à elle qu'on doit la fondation du Musée, et que d'ailleurs ses droits avaient été formellement établis par un arrêté de M. de Turmel, maire de Metz, en date du 20 décembre 1819.

Depuis la guerre, on avait renoncé aux séances solennelles pour ne pas être obligé d'y inviter les autorités allemandes. Le jour de la séance annuelle, vers cinq heures du soir, après la fermeture du Musée et le départ des employés, les membres de l'Académie passaient de la salle des séances à la salle de lecture de la Bibliothèque. Une société peu nombreuse, disent les comptes rendus, mais choisie, les y attendait. C'était là, derrière les portes closes, que la vieille société française tenait ses assises.

En juin 1875, l'administration municipale proposa à l'Académie un nouveau local pour ses réunions et la conservation de ses archives. Cette proposition était motivée par la considération que voici :

Les salles du Musée de peinture sont mal aérées. Il en résulte que, pendant les chaleurs de l'été, l'air y prend une température et un degré de sécheresse qui déterminent des fentes et des crevasses sur les tableaux dont les couleurs s'écaillent et tombent. En utilisant les deux salles réservées à l'Académie, on pourrait établir un système de ventilation destiné à arrêter les causes de détérioration.

La ville offrait en échange deux salles de l'Hôtel de Ville qui avaient servi autrefois aux audiences de la justice de paix et à celles du conseil de discipline de la Garde Nationale.

L'indication de l'ancienne affectation des locaux proposés à l'Académie suffirait à donner une idée approximative de l'état dans lequel ils se trouvaient.

En effet, la commission nommée à cet effet trouva deux taudis, absolument inhabitables, et qui depuis longtemps n'étaient plus utilisés que comme cabinets de décharge. Les intentions du Maire étaient visibles: on voulait expulser l'Académie des bâtiments municipaux.

Un instant, on espéra trouver dans les immeubles légués par M. le baron de Ladoucette un local convenable, où, suivant l'expression du secrétaire, l'Académie n'aurait pas été soumise au caprice des... événements, mais il fallut renoncer à ce projet, les dispositions testamentaires ayant rendu nécessaire la vente de ces immeubles.

Le parti le plus sage était de refuser poliment les offres de la ville et, quant au reste, d'attendre les événements.

C'est vers cette époque que, la salle de lecture de la Bibliothèque ayant été refusée pour les séances annuelles, ces dernières eurent lieu dans la salle de réunion ordinaire. Il n'y eut plus d'invités.

Le 24 juillet 1877, une nouvelle lettre de la mairie vint ramener l'inquiétude. On avait fait le projet d'utiliser, pour l'agrandissement du local du Musée, les deux salles occupées par l'Académie. Cette dernière était invitée à transporter le lieu de ses séances à l'Hôtel de Ville.

Je n'ai pu découvrir cette lettre; elle manquait sans doute d'aménité, car elle souleva d'unanimes protestations.

M. Abel rappela que c'était à l'Académie que la ville était redevable de la création du Musée; qu'il y avait dans la proximité de la Bibliothèque un grand attrait pour les travailleurs, et qu'on voyait de graves inconvénients à transporter ailleurs une quantité aussi considérable d'archives. M. Schuster, conservateur de la Bibliothèque, se fit fort de prouver que la ville ne gagnerait pas un mètre cube à ce'te spoliation.

Tout fut inutile.

Une démarche personnelle du président, M. Cailly, ne réussit qu'à obtenir du Maire, M. Halm, la promesse que l'Académie ne serait dérangée que si le projet d'agrandissement était reconnu nécessaire, et que, dans ce cas, la salle de lecture de la Bibliothèque serait mise à sa disposition pour les séances mensuelles.

On prit acte de cette déclaration et on commença à reprendre espoir.

Mais déjà le mois suivant la permission fut retirée. L'Académie aurait à choisir entre deux logements situés l'un au 1er, l'autre au 2e étage de l'Hôtél de Ville.

Mais l'escalier du 1er était obscur et tortueux, l'accès impraticable, et quant au second, l'Académie s'en fût contentée, si elle n'eût eu à en partager la jouissance avec le Comice Agricole. Elle refusa.

Cependant, devant les menaces de l'administration municipale, elle finit par accepter deux petites pièces dans le nouveau bâtiment du Musée, du côté du jardin de la Maternité.

Il y eut, semble-t-il, une accalmie jusqu'au 29 avril 1886. Mais la persécution avait déjà recommencé sous une autre forme.

L'attribution à de nombreux auteurs français de médailles et de diplômes obtenus au concours avait attiré l'attention de l'administration préfectorale, qui enjoignit à l'Académie de limiter son activité au seul département de la Lorraine et de procéder immédiatement à une modification, dans ce sens, du règlement en usage.

Le § 2 de l'art. 7 du Règlement prescrivait la présentation d'ouvrages imprimés ou manuscrits pour servir de base à l'examen de candidatures. Il fallut y ajouter les mots : en une langue vivante ou morte. C'était préparer le terrain pour l'admission de candidats allemands.

En juillet 1887, la subvention annuelle de 600 francs, que la ville allouait de tout temps à l'Académie, n'avait pas été payée depuis deux ans, et les nombreuses réclamations présentées à ce sujet étaient restées sans réponse. A l'occasion d'une démarche personnelle du président chez le maire, celui-ci lui fit cette déclaration : La subvention annuelle ne sera continuée que s'il est bien établi que le budget de la compagnie est en déficit, si les ressources sont insuffisantes et si, dans les volumes des Mémoires, la langue allemande est employée concurremment avec le français, soit sous forme de traduction, soit sous celle d'articles spéciaux rédigés en allemand, mais en quantité égale aux articles de langue française. Le titre des volumes serait modifié en ce sens qu'une traduction allemande : Metzer Akademie, Literatur, Wissenschaft, Kunst und Landwirtschaft, précéderait, en caractères d'égale grandeur, le titre en langue française.

Il fallut obtempérer ; la subvention municipale était pour l'Académie une condition indispensable de son existence, puisque les revenus des legs qu'elle avait recueillis étaient affectés à une destination spéciale.

Il ne pouvait être question d'admettre dans les

Mémoires des articles en langue germanique, c'eût été provoquer l'envahissement de nos publications par les auteurs allemands, très nombreux, très féconds à cette époque. On préféra publier tous les ans une traduction allemande du compte rendu du secrétaire.

En 1888, le maire réclama : le dernier volume des Mémoires ne répondait pas à l'obligation imposée par le Conseil municipal. On eut bien des difficultés à lui faire entendre qu'il s'agissait d'une publication en retard de deux ans. Le maire consentit à attendre encore, mais la subvention ne serait versée qu'après l'impression du nouveau volume. Enfin, vers la fin de l'année — on avait attendu 3 ans — parurent les mémoires de 1885-86, portant sur leurs premiers feuillets la marque de l'opprobre.

L'apparition du volume provoqua au sein de l'Académie de véhémentes protestations. M. Abel surtout s'éleva contre les mots de Metzer Akademie, qui en décoraient l'en-tête. Il faut à tout prix, déclara-t-il, faire disparaître le k tudesque du mot Akademie, admissible seulement en Allemagne, pour les établissements de sport dans lesquels on s'exerce au fleuret et au maniement du cheval.

La mairie fut-elle informée de cette manifestation des Vieux-Messins qui siégeaient à l'Académie ? Il semble bien que oui, car ces derniers furent surpris de voir, à la séance qui suivit, le mot abhorré de M. Abel resplendir, noir sur fond blanc, sur la porte d'entrée de leur nouveau local. Il y était encore en 1918. Il fallut, pour le faire disparaître, l'entrée en matière de Foch et de ses poilus.

Nous avons laissé l'Académie en possession de

deux petites chambres qu'on lui avait abandonnées dans le nouveau bâtiment du Musée. Elle se croyait arrivée à la fin de ses vicissitudes lorsqu'elle reçut, le 18 février 1889, la lettre suivante:

MONSIEUR,

J'ai l'honneur de vous informer qu'afin de réaliser le projet formé depuis longtemps de transférer au Musée les collections Migette, qui sont si peu accessibles au public dans les locaux de l'Hôtel de Ville, et afin de remédier aussi au manque de place qui se fait sentir à un haut point dans notre établissement, le Conseil municipal a décidé, dans sa séance du 12 crt., que l'Académie serait priée de vouloir bien faire évacuer les deux pièces contiguës au Musée, occupées par ses archives, et de les remettre le plus tôt possible à notre disposition.

Je vous prie en conséquence de vouloir bien faire bientôt le nécessaire pour la restitution desdites pièces au Musée.

Veuillez agréer, etc.

Le Maire: HALM.

Cette mise en demeure semble avoir surpris le président. Il s'informa si le Conseil avait prévu de nouveaux locaux pour les séances académiques et, en particulier, s'il mettait à la disposition de l'Académie les deux salles de l'Hôtel de Ville proposées dix ans auparavant. Le lendemain, il recevait la réponse suivante:

MONSIEUR L'ABBÉ,

J'ai l'honneur de vous informer, en réponse à votre lettre d'hier, qu'à mon grand regret il ne m'est pas possible d'assigner à l'Académie des locaux quelconques à l'Hôtel de Ville, où il n'y en a aucun de disponible. Toutefois je mettrai volontiers à votre disposition un de nos salons pour y tenir vos séances, à charge d'une demande préalable ; mais quant à vos archives, elles devront être placées ailleurs.

Veuillez agréer, etc.

Le Maire: HALM.

Entretemps, des offres avaient été faites pa rla Société d'Histoire Naturelle, d'abandonner à l'Académie le deuxième étage de la maison dont elle est usufruitière, rue de l'Evêché, 25.

La mairie, qui jusque-là s'était désintéressée de la question du futur local, fit subitement volte-face. Non seulement elle engagea la commission à accepter les offres de la société voisine, mais elle promit, après la conclusion de l'affaire, le versement de la subvention en retard depuis deux ans et s'engagea à supporter les frais d'aménagement de la salle des séances.

On ne saurait à quoi attribuer cette évolution, si un procès-verbal de séance ne nous en donnait la raison.

La mairie avait été alarmée par un communiqué de la *Strassburger Post,* d'après lequel l'Académie aurait eu l'intention de se réfugier dans un local du Grand-Séminaire, rue d'Asfeld.

On comprend combien cette nouvelle dut être désagréable à l'administration. L'Académie, retirée derrière les murs du Séminaire comme en un lieu d'asile, échappait à l'autorité allemande.

Cette idée avait-elle vraiment germé dans l'esprit de quelques académiciens? A-t-elle donné lieu à des pourparlers? C'est possible. Ce qui est certain, c'est qu'elle fut vite abandonnée, et il y n'a aucune raison de suspecter la bonne foi du Président et de M. Remoissenet, qui furent chargés de « ras-

surer le maire sur les intentions de l'Académie au
sujet du futur local de ses séances ».

Le déménagement fut fixé au 29 août 1889.
M. Colon, secrétaire, fut chargé de l'organisation,
et tous les membres furent invités à y coopérer
personnellement, suivant que leurs occupations le
leur permettraient.

Je regrette, Messieurs, de n'être pas en mesure
de vous faire un rapport exact sur ce déménagement, qui ne dut pas manquer de pittoresque,
mais les détails manquent.

Aujourd'hui, la question se pose à nouveau.
Cependant, ai-je besoin de le dire? c'est avec la
plus grande sérénité que votre compagnie envisage
cette éventualité. L'Académie, reconstituée après
l'armistice sur ses anciennes bases, a repris sa
place dans l'histoire messine, et ses fêtes sont de-
venues des réjouissances publiques. Elle sait que
son martyre est terminé et l'ère des pérégrinations
définitivement close.

RAPPORT

SUR LES

PRIX DE VERTU

LU PAR **BAUDOUIN-BUGNET**

DANS LA SÉANCE PUBLIQUE ANNUELLE DE MAI 1922

MES CHERS CONFRÈRES,
MESDAMES, MESSIEURS,

Le Baron de Ladoucette, M. J.-F. Pêcheur et Mlle Bouchotte ont successivement constitué des fondations dont les rentes doivent être distribuées, chaque année, dans la séance académique du mois de mai, et réparties entre toutes les personnes que leur conduite charitable, leur générosité, leur dévouement désintéressé envers des étrangers et même des membres de leur famille, auront signalées d'une façon spéciale à la considération et à l'estime de leurs concitoyens et que votre Société a jugées dignes d'être récompensées par un hommage public et solennel. Avant tout, par conséquent, rendons grâces à nos bienfaiteurs et, rappelant leur mémoire, adressons-leur une fois de plus l'expression de notre reconnaissance.

Mme PÉTRY à Metz et Mlle MADELEINE PORT à Sarralbe nous ont été indiquées par nos correspondants ordinaires comme dignes de récompenses.

La première a élevé une nombreuse famille, a donné l'exemple du dévouement conjugal et d'une patience inaltérable dans les plus dures épreuves.

L'amour filial exceptionnel dont a fait preuve la seconde et les bons exemples qu'elle n'a cessé de donner dans son pays à tous points de vue, nous ont été signalés comme particulièrement louables. L'Académie estime qu'elles méritent d'être récompensées et leur décerne à chacune un diplôme.

M. Muller Alfred, M. Simon Philippe et M. Thirion Jean sont de fidèles employés que leurs patrons respectifs nous ont désignés comme dignes d'obtenir nos suffrages. Le premier travaille depuis trente-quatre ans, et chacun des deux autres depuis trente-cinq ans dans la même maison, et si nous allons vous citer tout à l'heure des exemples d'une stabilité encore plus grande, ceux-ci sont assez remarquables déjà pour être récompensés. Notre société leur attribue à chacun un prix de 100 francs.

Voici maintenant une brave fille de 65 ans, qui sert encore, et sur laquelle sa maîtresse, qui l'a depuis 1889, soit trente-deux ans, attire notre attention. Elle s'appelle Cydalise Selle, de Sainte-Ruffine, et nous lui décernons un diplôme et un prix de 50 francs. — Becker Pierre, né à Boulay en 1854, est depuis 1890 cocher dans la maison Thomas, à Metz; Chazelle Julia depuis 1886 est au service de M. Choumert, de Many; Muller Christophe, né à Bouswiller en 1852, entré à la maison Thomas comme cocher, s'y trouve encore actuellement au bout de trente-sept ans; Reimen Henri, plus jeune de quelques années, est entré chez Houpin en 1883 et ne l'a pas quitté depuis; Goullon François, de Jussy, travaille à Plantières également dans la même maison depuis quarante ans; Mlle Richard Marguerite, âgée aujourd'hui de 64 ans, est encore au service de la même patronne depuis 1871 ; WEY ROSALIE, brave fille bitchoise, septuagénaire, est entrée en 1870 dans la maison où elle sert encore, et enfin CHAZELLE FRANÇOISE au service de M. Choumert à Many depuis novembre 1867, avec cinquante-quatre années consécutives de bons et loyaux services dans la même maison, nous offrent des exemples de dévouement et de stabilité peu communs. Aussi notre société a-t-elle attribué un prix de 100 francs avec diplôme à chacun de ces bons serviteurs, Becker, Chazelle Julia, Muller Christophe, Reimen, Goullon, Richard Marguerite, Wey Rosalie et l'a élevé jusqu'à 150 fr. pour Chazelle Françoise, leur doyenne en tant que durée de service.

Vous n'en croyez sans doute pas vos oreilles, vous, Mesdames, qui ne trouvez plus de bonnes ni de femmes de ménage, et vous peut-être pas davantage, patrons et maîtres de tous genres qui souffrez de cette crise du personnel, dont la rareté et les exigences des domestiques proprement dits ne sont qu'une partie, et certainement pas la plus importante. Le fait est pourtant là, brutal, et, bien que les candidatures soumises à notre appréciation ne fussent pas très nombreuses cette année, en écartant de prime abord toute durée de service inférieure à trente ans, il nous est encore resté un chiffre appréciable de personnes à récompenser. Y a-t-il à ce phénomène une explication naturelle? Oui, certes, et toute simple.

Ces bons serviteurs, dont je viens de vous citer les noms, sont tous nés avant 1875. Ils appartiennent par conséquent à des générations moins trépidantes que celles d'aujourd'hui, qui n'ont ni connu ni pra-

tiqué dans leur jeunesse la bicyclette, la motocy-
clette, l'automobile, les avions et les dirigeables ;
qui n'ont entendu dire qu'il fallait non pas « gagner »
mais « vivre » sa vie, qu'à un moment où leur
propre vie était orientée d'après les anciennes traditions familiales et religieuses ; qui ont plus fré-
quenté les temples que les théâtres et qui sont
peut-être allées au cinéma, mais à un âge où les
secousses, les grimaces, la trépidation et la bruta-
lité pour tout dire de ce genre de spectacle ne
pouvaient plus les troubler. Leurs maîtres appar-
tenant à des générations correspondantes, soumis
à des disciplines pareilles, étaient restés en général
comme eux plus ou moins étrangers aux exagéra-
tions actuelles, à ces habitudes nouvelles qu'en-
traîne l'usage immodéré ou irréfléchi des perfec-
tionnements matériels et de ce que l'on est convenu
d'appeler la civilisation contemporaine. Et enfin
surtout, maîtres et serviteurs n'avaient pas subi
jeunes la guerre européenne de 1914-1918 et ses
tristes conséquences. Mais alors, m'objecterez-vous,
quels mérites peut-on découvrir chez des gens qui
se sont contentés de rester longtemps au même
endroit vraisemblablement parce qu'ils s'y trouvaient
bien ? Celui d'avoir pour gagner leur vie choisi de
« servir » et d'avoir pendant de longues années servi
fidèlement. Mais encore « Tel maître, tel valet » —
dit la Sagesse des nations ; et si nos lauréats ont
supporté si longtemps l'autorité d'autrui, cela ne
s'expliquerait-il pas simplement par cette raison
que cette autorité n'était point insupportable ? Sans
doute, mais le proverbe que vous rappelez n'est-il
pas immédiatement contredit par d'autres sentences
aussi célèbres et diamétralement opposées ? N'est-

ce point l'un des personnages du Fabuliste qui dit carrément « notre ennemi, c'est notre maître » et plus tard Figaro qui réplique au Comte Almaviva : « Aux vertus qu'on exige dans un domestique, « Votre Excellence connaît-elle beaucoup de maîtres « qui fussent dignes d'être valets ? »

Non, Mesdames, non, Messieurs, ne nous faisons point d'illusions. De tout temps, servir a été pénible, et bien servir méritoire. Que le maître soit un particulier, l'État, une collectivité ou une force aveugle, le joug d'autrui est toujours pesant, parce que les passions du maître sont aussi fortes que celles du serviteur, que toutes deux se heurtent à chaque instant et s'irritent plus facilement par suite du contact quotidien et de la dépendance respective où elles se trouvent vis-à-vis les unes des autres, et que finalement celles du maître l'emportent le plus souvent. Ceux donc qui se sont soumis à l'autorité d'autrui pendant de longues années avec assez de bonne grâce et de conscience pour que leurs supérieurs le signalent eux-mêmes à notre attention, ceux-là, avant toute autre qualité, ont fait preuve d'une patience et d'une abnégation dignes de louange et de récompense.

Servir avec patience est bien : avec courage c'est mieux encore. Aussi l'Académie a-t-elle estimé qu'il convenait de mettre à part et de récompenser, non plus en lui attribuant une somme d'argent, mais en lui décernant une médaille de bronze et un diplôme, Mme Vve SIEBENBERGER, née Hick Anna, de Semécourt, qui, non contente de se montrer pendant plus de trente ans une fidèle servante, sut défendre le bien de ses maîtres et tenir tête à l'ennemi. Écoutez ce que dit sa maîtresse : « Veuve

« d'un colonel français, je fus très surveillée par
« les Allemands au début de la guerre de 1914...
« Nos domestiques, le ménage Siebenberger, su-
« birent de mauvais traitements des Allemands et
« furent emmenés prisonniers au fort de Norroy-
« le-Veneur parce qu'ils avaient voulu, en 1915;
« rentrer à Semécourt pour surveiller ma maison...
« Le mari, J. Siebenberger, ne put résister aux
« suites des mauvais traitements subis et mourut
« chez moi le 9 mai 1918; sa veuve resta seule à
« veiller sur mon immeuble. Elle mit tant de zèle
« à accomplir sa tâche, qu'à mon retour, à l'ar-
« mistice, je trouvai maison et mobilier à peu près
« intacts ; mais elle eut, durant mon absence, à
« supporter les tracasseries continuelles des Alle-
« mands, au point que sa santé s'en ressentit et
« qu'elle dut me quitter en décembre 1920, se
« trouvant trop fatiguée. » Et voilà comment, avec
cette citation que je viens de vous lire, nous quit-
tons le milieu paisible des longs services tranquilles
et uniformes et, nous élevant sans efforts sur les
ailes du courage, pénétrons dans la zone des armées, des luttes, des sacrifices et, je ne crains pas
de le dire, de l'héroïsme.

Près de 1.500.000 Français dorment leur dernier
sommeil de la Mer du Nord aux Vosges, à l'A-
driatique, en Orient, au fond des mers comme au
sommet des montagnes, attendant la grande revue
finale prédite par toutes les intelligences et tous
les cœurs, et chantée d'avance par les poètes.
Mais en attendant, nous vivons et dans quelles
conditions ! Les nécessités quotidiennes sont deve-
nues plus aiguës, mais leur train-train routinier
n'a point changé, et nous nous laisserions peut-

être bercer et engourdir par ce ronronnement amollissant et trompeur, si nous n'avions pas connu la guerre. La guerre a passé par là, et a passé et repassé de 1914 à 1919. Aussi nul n'a-t-il pu traverser impunément ces cinq années, et ceux qui en sont revenus se sentent-ils toujours excités par les impressions subies d'une part, et d'autre part, entraînés dans la direction vers laquelle s'était orientée leur conscience, tant sous la pression des événements que sous la contraction ou le relâchement de leur volonté.

M. l'abbé BARLIER, aumônier militaire, Vosgien, ayant fait la guerre, a vécu parmi les soldats, les a vus à l'œuvre, les a aimés, et pour les raisons que je viens de donner, continue à en avoir souci. Il a estimé que parmi ces grands enfants, venus faire au régiment un apprentissage salutaire de la discipline et du sacrifice, les plus intéressants étaient sans contredit ceux qui, « orphelins ou « privés de toute aide et assistance de leur famille, « étaient livrés à eux-mêmes au cours de leurs « permissions de sorties, et manquaient souvent « du nécessaire dans la vie journalière ». Pour remplacer autant que possible auprès d'eux la famille absente en leur procurant une famille adoptive, et alléger pour eux le poids de l'isolement en les entourant d'une atmosphère d'affection ou tout au moins de sympathie sincère, il a fondé en 1921 l' « Œuvre du Soldat sans famille », que M. Maujean, notre dévoué secrétaire, nous a signalée et sur le fonctionnement de laquelle il nous a fourni les précisions suivantes. Cette œuvre, qui s'étend à toute la garnison de Metz, après dix mois d'existence seulement, a déjà secouru 130 soldats, compte 82 habitués, alors que le nombre des véritables sans famille n'est que de 30, et a déjà distribué une somme totale de 3650 francs indépendamment des dons en nature, linge de corps, menus effets d'habillement, de toilette, etc., et cela sans autres ressources, en dehors d'une subvention annuelle de 240 francs votée par le « Poilu de France », que des dons particuliers et les moyens personnels de son directeur. Aussi votre Société n'a-t-elle pas hésité à lui allouer une somme de 300 francs comme elle l'avait fait en 1906, en 1907, en 1908, et d'autres fois encore pour telles ou telles œuvres sociales dont l'idée maîtresse et les résultats dépassent, quel que soit leur mérite, tous les efforts privés mais limités, récompensés précédemment.

C'est par le nom de l'abbé Barlier, prêtre généreux et patriote, que nous avons voulu clore cette liste de nos lauréats, comprenant en tout dix-sept noms de braves gens, qu'il convient de retenir et de citer à l'occasion comme ceux de personnes ayant donné, chacune en ce qui la concernait, le bon exemple. Votre Société a récompensé en eux l'affection et le dévouement filial, la patience et la fidélité domestique, le courage et enfin le dévouement patriotique et social, autant de qualités, utiles en tous temps, et, si j'ose dire, indispensables en l'an de grâce 1922. Ne sentons-nous pas, en effet, autour de nous des courants incessants de matérialisme aveugle ? Ne voyons-nous pas trop de monde se ruer vers l'argent sans se demander ce qu'il représente, ni se soucier des moyens employés pour l'obtenir ? L'orgueil n'exalte-t-il pas trop d'individus et trop de nations, et la haine et le dédain de toute règle ne se montrent-ils pas aussi bien chez les tout jeunes que chez les hommes faits? Comment résister à ces assauts? Quels moyens employer, pour maintenir contre ces mauvais instincts et ce dérèglement les principes qui nous guident et que nous estimons seuls capables de faire du bien à notre pays? Relisons pour cela, si vous le voulez bien, nos anciennes Chroniques et cherchons-y, conformément à notre devise, « Utile », le remède efficace. Nous y voyons que la fin du xvie siècle et le commencement du xviie furent pour la France des périodes singulièrement tourmentées et que l'année 1635 notamment est inscrite dans les fastes de notre Lorraine comme une année terrible. En ce temps-là vivait à Paris le bon M. Vincent, simple prêtre, mais de grand cœur et d'esprit fécond en ressources. Au récit des calamités qui accablaient la Lorraine, les Trois-Evêchés, la Franche-Comté, la Bourgogne et les provinces voisines, il s'émut jusqu'à la souffrance et sut tellement intéresser toutes les chrétiennes de la Cour, de la Ville et des alentours au sort de nos populations, qu'il put recueillir d'immenses aumônes, à l'aide desquelles il soutint pendant plusieurs années nos provinces ruinées par la guerre. Imitons son exemple et soutenons de nos encouragements et de notre estime ceux qui ont envie de bien faire, mais se sentent faibles en présence des tentations d'aujourd'hui. Ne craignons pas en toutes circonstances de rechercher les braves gens, les gens de bien encore nombreux, quoi qu'on dise, mais inconnus, et qu'il est indispensable de célébrer si nous voulons qu'on accorde encore quelque estime et quelque prix à des mœurs si différentes de celles de tant de nos contemporains. Imitons d'abord M. Vincent, mais imitons aussi ceux-là mêmes que nous venons de récompenser. Qu'ont-ils donc fait de si remarquable, me direz-vous? Ils ont tout simplement pratiqué à des degrés divers cette vertu singulière, dont l'Apôtre des Gentils a parlé en termes inoubliables, par la pratique éminente de laquelle le bon M. Vincent devint saint Vincent de Paul, et qui est par excellence la Vertu française, je veux dire la Charité. Ces serviteurs que nous avons récompensés se sont montrés patients et obéissants envers leurs maîtres dans l'intérêt de ceux-ci, ils leur ont fait la charité; ces employés qui ont soutenu les intérêts de la maison ont fait à leur patron un peu de charité; cette veuve qui a défendu le bien de sa maîtresse a pensé d'abord à sa patronne et lui a par là même fait la charité; et enfin le prêtre qui ouvre son cœur et sa maison aux orphelins, que fait-il donc s'il ne fait pas la charité? L'apôtre, qui parle avec tant d'ardeur de la Charité, affirme qu'elle est la plus grande des vertus cardinales, et que sa force dépasse celle qui permettrait à l'homme de soulever des montagnes. Quelle arme plus solide et plus invincible pourrions-nous donc choisir pour lutter contre le mal grandissant? Notre Histoire de France s'illustre tout le long de son développement d'actes de Charité de toutes sortes, accomplis modestement partout, par d'innombrables Français de tout âge, de toute condition, et si la France est la plus belle terre sous le ciel, c'est qu'elle est sans cesse traversée par des courants intenses de charité et d'amour. Son drapeau, claquant au vent d'orage ou se déployant lentement sous des souffles plus doux, offre toujours à nos yeux éblouis et charmés, avec le rouge éclatant du sang de ses guerriers, les couleurs calmes et douces du costume de ses Filles de la Charité ; et c'est à faire le plus de bien possible qu'aboutissent en résumé tous les enthousiasmes et toutes les fièvres de notre patrie bien-aimée. Ici, à Metz, en ce 21e jour du mois de mai, je ne veux rappeler les noms que de deux des Français héroïques, auxquels je viens de faire allusion, sainte Jeanne d'Arc et saint Vincent de Paul. Lorsqu'il y a cinq cents ans la Vierge guerrière arrachait le roi de Bourges à son abattement et à sa veulerie et lui rendait son royaume, ne lui faisait-elle pas la Charité ! Et, lorsque, deux cents ans plus tard, saint Vincent de Paul employait ce qui lui restait de forces à sauver de la famine tout l'Est de la France, ne faisait-il pas à son tour la Charité, et la Charité à tout le peuple ? En nous fournissant l'occasion de célébrer aujourd'hui leurs mérites, nos lauréats nous font aussi de quelque manière la Charité, je n'hésite pas à le dire. Ils nous ont obligés à étudier leur vie et leurs actes et à en démêler les ressorts ; et comme le souci d'autrui, l'altruisme, la Charité en un mot, était le plus apparent et le mieux trempé de ces ressorts, nous nous sommes à chaque instant trouvés en présence de cette vertu divine et, par ce contact prolongé avec la Force par excellence, nos âmes se sont trouvées aguerries et renouvelées. Merci donc à vous tous, lauréats d'aujourd'hui. Répandez partout et le plus possible, avec la bonne parole, les idées généreuses dont la mise en pratique vous a valu nos suffrages. De notre côté, nous ne manquerons pas de rappeler à l'occasion les exemples que vous avez donnés, de vous louer encore, et soyez assurés que nous compléterons toujours l'éloge par cet appel : « Faites « comme eux et montrez-vous ce qu'ils ont été et « ce qu'ils sont, de bons et généreux Français. »

Mademoiselle DE TURMEL

Les familles DE TURMEL et DE LARDEMELLE

Parmi les souvenirs du pays natal, que nous conservons pieusement au fond du cœur, l'un des plus doux est celui de la sonnerie des cloches.

Aussi, bien grande fut la douleur des Alsaciens et des Lorrains, durant la Grande Guerre, lorsqu'ils virent les barbares teutons voler les cloches de leurs églises et de leurs beffrois, pour en faire des canons destinés à semer la mort dans les rangs de l'armée française.

Grâce à la courageuse intervention d'un érudit, M. l'abbé Bour, une cinquantaine de sonneries lorraines et de nombreuses cloches isolées furent sauvées de la fonte. Celles de la cathédrale de Metz sont restées intactes. A côté de la grande *Mutte* se trouve toujours une petite cloche particulièrement aimée des Messins. Tous la connaissent et l'appellent par son nom, lorsqu'elle tinte joyeusement chaque soir quelques minutes avant les dix heures : C'est *Mademoiselle de Turmel.*

« Pendant nos promenades du soir, après ces
« journées estivales, alors que nous jouissons d'une
« bienfaisante fraicheur sous les marronniers de
« notre belle Esplanade, ou que nous longeons
« doucement nos boulevards de la Moselle, la voix
« claire de Mademoiselle de Turmel vient tout à

« coup nous tirer de nos rêveries et nous inviter
« à regagner notre demeure....... »

« Pour les vieux Messins, cette sonnerie de la
« retraite est une tradition à laquelle ils tiennent
« beaucoup.... Pour nos compatriotes, qui revoient
« le sol natal après une longue absence, elle évo-
« que des souvenirs de jeunesse, de soirées fami-
« liales, de rencontres amicales d'antan. » (1)

Comme la plupart des vestiges du passé, la
clochette de la cathédrale a sa légende, ou plutôt
ses légendes, produits de l'imagination populaire.
Malgré notre répugnance à en détruire le charme,
nous estimons que son histoire vraie n'offre pas
moins d'intérêt.

Amicus Plato, sed magis amica veritas.

Voici ce que l'on raconte dans les arrière-bou-
tiques de la rue du Pontiffroy et sous les vieilles
arcades de la place Saint-Louis :

Il était une fois, il y a bien longtemps, une
jeune fille de Metz, Mlle de Turmel, qui avait un
fiancé. Un soir, elle l'attendit vainement et, quand
à dix heures une cloche lointaine sonna, elle sentit
son sang se glacer dans ses veines et ses yeux se
remplirent de larmes. Le lendemain, elle apprit
que son fiancé avait été tué, durant la nuit pré-
cédente, à l'heure même où elle avait eu un si-
nistre pressentiment. Dès lors, éternelle fiancée
inconsolable dans ses voiles de deuil, elle fit fondre
une cloche, dont elle fut la marraine, et la donna
à la cathédrale afin que, chaque soir, les fidèles
joignent leurs prières aux siennes pour le repos

---

(1) BARBÉ. *Les miettes de l'histoire : Mademoiselle de Turmel*
Journal *Le Messin* du 8 août 1921.

de l'âme du cher disparu. C'est pour cela qu'on appelle la cloche *la Marie Turmel* ou encore *Mademoiselle de Turmel* (1).

La vérité historique n'a rien de commun avec la tristesse de cette légende, dont la saveur romantique indique bien l'époque de son origine. Nos recherches auront, tout au moins, pour résultat de rassurer les âmes sensibles sur le sort des personnes dont le nom est mêlé à ce récit fantaisiste.

Le fiancé de Mlle de Turmel, M. Charles de Lardemelle, n'a pas été tué ; il est vrai qu'il fut blessé grièvement en duel quelques années avant ses fiançailles, mais il est mort tranquillement dans son lit à un âge avancé. Les deux jeunes gens, auxquels les amateurs de légendes s'intéressent, n'ont pas été unis seulement dans l'éternité ; ils se sont mariés à l'église Saint-Martin, ils furent heureux et eurent plusieurs enfants. L'un de leurs petits-fils est aujourd'hui gouverneur de Metz et je salue respectueusement en lui l'un des plus brillants défenseurs de la Patrie.

Les anciens Messins, qui sont revenus pour finir leurs jours sur le sol natal, trouvent que la clochette n'a plus le même son qu'autrefois :

> Mais quand, le soir venu, parvient à mon oreille
> L'appel que j'écoutais, jadis si recueilli,
> Ce n'était plus le son argentin de la veille ;
> Pour avoir trop souffert, ta voix avait vieilli (2).

---

(1) Nous avions déjà lu cette étude à l'Académie de Metz, lorsque M. l'abbé Fœdit, sacristain de la Cathédrale, nous a communiqué un charmant récit de la légende, qui diffère légèrement du nôtre : *Mademoiselle de Turmel*, dans la Revue l'*Austrasie* 1905, n° 2, p. 255 et 256, sans nom d'auteur.

(2) Colonel Deville. *A Mademoiselle de Turmel*. Journal *Le Cri de Metz* du 31 décembre 1921.

Les vieux Messins, qui sont restés au pays, disent au poète que les cloches ne perdent ni leurs dents, ni leurs cordes vocales, comme les vieilles filles. Mais ils sont d'accord avec lui pour affirmer que la cloche a maintenant une sonorité plus aiguë ; ils en donnent l'explication : *Mademoiselle de Turmel* d'avant 1870 n'est plus *Mademoiselle de Turmel* de maintenant.

Toutefois, il en est parmi eux qui agrémentent leur récit d'une seconde légende, aussi prosaïque que la première est poétique, et dont l'origine est beaucoup plus récente :

Lorsque la première cloche fut coulée, peut-être du temps du maréchal de Belle-Isle, les autorités de Metz furent convoquées par le fondeur, M. Goussel, pour assister à cette curieuse et délicate opération. Dans le métal en fusion, ces hauts personnages jetèrent, suivant l'usage, des pièces de monnaie. Or, il se trouva, dans cette occasion, que la quantité d'écus de six livres incorporée au bronze fut si considérable que la cloche, dont Mlle de Turmel fut la marraine, en reçut le son argentin qu'on lui connut autrefois. Mais, ajoutent les narrateurs, du temps des Allemands, la vieille cloche fut vendue et on en fondit une nouvelle dont le bronze ne contient plus d'argent. Voilà pourquoi la voix argentine de *Mademoiselle de Turmel* est devenue criarde et un peu éraillée. Les Allemands ont la conscience chargée d'assez de forfaits pour qu'il soit inutile de leur en prêter d'autres purement imaginaires.

Les premières données historiques, sur le sujet qui nous occupe, sont dues au chercheur infatigable qu'est M. Barbé (1). Il nous a paru nécessaire

____

(1) Article du *Messin* cité plus haut.

d'y ajouter quelques précisions et rectifications de détail.

Le véritable prénom de la cloche est *Marie-Jeanne*. On ignore le lieu où elle fut coulée pour la première fois ; peut-être à Verdun, dans tous les cas pas à Metz, un demi-siècle avant l'arrivée dans cette ville de M. Goussel et quarante-neuf ans après le décès du maréchal de Belle-Isle. A cette époque, les pièces de monnaie en argent étaient aussi rares que de nos jours et les assignats aussi nombreux, dans les portefeuilles de nos arrière-grands-pères, que les vilaines coupures qui encombrent les nôtres actuellement.

Lorsque la clochette tinta pour la première *fois*, le fiancé de Mlle de Turmel était âgé de six mois environ et dormait dans son berceau à Colmar ; il ne songeait pas encore à se battre en duel. Le père et la mère de Mlle Anne de Turmel n'étaient pas encore mariés, et elle-même était encore, pour quatre ans, « dans le sein d'Abraham ».

Enfin, jamais les gens de Metz ne songèrent à vendre leur cloche municipale pour en acheter une neuve. Cependant, il est exact que la voix que nous entendons chaque soir n'est pas celle de la cloche primitive. Comme le Phœnix, qui renaît de ses cendres, l'ancienne cloche a été refondue au moyen de tout ou partie du métal de la première, qui vraisemblablement ne renfermait qu'une très faible quantité d'argent et peut-être pas du tout.

Voici dans quelles circonstances cette refonte eut lieu.

En 1875, *Mademoiselle de Turmel*, « l'aînée », eut des malheurs ; sa belle robe de bronze se fendit. Aussitôt le Conseil municipal, dans sa séance du 5 août, jugeant avec raison cet accident irréparable, envoya la cloche au fondeur messin, M. Goussel (1), et vota, pour la refonte, une somme de 71 francs 35 centimes. — Le prix des robes a beaucoup augmenté depuis ce temps-là !

La cloche disparue laissait derrière elle tant de regrets qu'on voulut, avant son départ pour la fonderie, en conserver une image exacte. Qui eut cette généreuse idée ? On l'ignore. Dans tous les cas, le dessin à la plume que conservent les archives municipales de Metz est l'œuvre d'un praticien habile doublé d'un érudit (2). Il comporte non seulement la reproduction de la cloche elle-même, avec ses détails à l'échelle, mais encore, en agrandissement, les attributs et l'inscription qu'elle portait.

Au centre de la feuille de papier on voit, dans un cadre rectangulaire, dont les angles sont abattus, une sainte debout, portant dans la main droite un livre et une palme de martyre, dans sa main gauche un glaive levé. Au second plan à droite, on aperçoit une basilique à flèche pointue. C'est vraisemblablement l'image de la patronne de la cloche verdunoise, sainte Jeanne. A droite et à gauche du cadre sont placés des têtes d'angelots ailés. Plus bas est une croix latine portant une ornementation de feuillages.

____

(1) François-Joseph, né à Bléraincourt (Vosges) en 1825, d'une famille de fondeurs, s'établit à Metz en 1850 et donna une extension considérable à son industrie. — NERÉE QUÉPAT. (René Paquet d'Auteroche). *Dictionnaire biographique de l'ancien département de la Moselle*, p. 206 et suivantes. La fille de M. Goussel a épousé le général Hirschauer, sénateur de la Moselle.

(2) Archives municipales modernes, carton M²,24.

Dans la partie inférieure du dessin, est représentée la cloche, avec sa forme élégante. Sur la face visible, se trouvent la croix et les angelots, placés sur la plus grande circonférence de la cloche. En haut, on voit une partie de l'inscription qui était, comme les attributs, coulée en relief. Elle se compose de cinq lignes de texte continues, empruntant la forme circulaire de la cloche. Afin de faciliter la lecture de ce texte, quatre mains superposées verticalement indiquent, de l'index, le premier mot, précédé d'une croix grecque, de la première ligne, ainsi que le premier mot de chacune des lignes suivantes (1). Enfin les deux derniers mots de l'inscription, qui n'ont pu trouver place dans la quatrième ligne circulaire, sont placés sous les premiers mots de celle-ci et restent ainsi isolés.

Le texte complet et agrandi de l'inscription règne sur la partie supérieure du dessin, écrit sur quatre lignes suivies des deux derniers mots composant la cinquième ; le tout en lettres capitales :

† LAN 10 DE LA REPVBLIQVE F[rançai]CE (sic) LE C[itoye]N F[ran]COIS HVGIN MAIRE DE VERDVN MA DON]né]E ‖ A L['h]OSPICE S[ain]TE CATHERINE DE CETTE ·VILLE ON MA IMPOSE LE NOM DE MARIE IEANNE ‖ IA[i] EV POUR PAR[r]AIN LE DONATEVR ET POVR MAR[r]EINE MADAME MARIE IEANNE CATOIRE EPOVSE DV ‖ C[itoye]N F[ran]COIS GALLOIS DE BONVILLIER ·ANCIEN OFFICIER DARTILLERIE AD[ministra]TEVR DES HOSPICES ‖ DE VERDVN.

Qu'est devenu l'hospice Sainte-Catherine ? Pour quelles raisons la ville de Verdun a-t-elle décidé

---

(1) Dans le texte que nous donnons ci-après, les mains sont remplacées par des doubles tirets et les abréviations sont placées entre des crochets.

de se défaire d'une cloche qu'elle n'a possédée que durant une quinzaine d'années ? Nos recherches ne nous ont pas permis d'élucider ces questions, qui n'ont d'ailleurs pour nous qu'un intérêt secondaire.

Ce qui est certain, c'est que *Marie-Jeanne* devint, en 1816, la propriété de M. de Turmel, récemment nommé maire de Metz.

*
* *

La famille de Turmel est originaire de la Bretagne.

Les armoiries qui lui furent données lors de l'anoblissement, par Louis XV en août 1746, du maréchal de camp Jean-Joseph-Antoine de Turmel, dont il sera question ci-après, sont les suivantes : *D'azur à deux épées d'argent, gardes et poignées d'or, placées en chevron, accompagnées en chef de trois mouches d'argent rangées en fasce, et en pointe d'une tour d'or maçonnée de sable* (1).

A la fin du XVIIe siècle, vivaient à Paris, rue Saint-Louis, paroisse de Saint-Barthélemy (2), Joseph Turmel et Anne Mercès, son épouse. Ils eurent pour fils Jean-Joseph-Antoine de Turmel, né en 1690, écuyer et chevalier, qui fit une brillante carrière dans les armées du roi. Vers 1735, il fut nommé lieutenant du Grand Maître de l'artillerie et vint tenir garnison à Metz. Il y commanda d'abord une, puis cinq compagnies des sapeurs du génie, ap-

____

(1) Certificat délivré par Louis-Pierre d'Hozier, juge d'armes de France, le 20 août 1746. — Papiers de famille de Mme la comtesse de Courten, née de Turmel.

(2) Abbé POIRIER. *Documents généalogiques d'après les registres des paroisses de Metz de 1561 à 1792*, p. 617.

pelés alors mineurs et, bientôt après, fut élevé à
la haute dignité de maréchal des camps et armées
du roi et fait chevalier de Saint-Louis.

Le maréchal de Turmel n'avait que 58 ans lorsqu'il mourut à Metz, le 6 janvier 1748, des suites
des blessures qu'il avait reçues à la guerre (1). Il
pensait sans doute prendre sa retraite dans cette
ville, car il s'y était fixé définitivement en entrant
dans l'une des plus honorables familles parlemen-
taires de la cité. Jean-Joseph-Antoine de Turmel
avait en effet épousé, en l'église de Saint-Gorgon
le 4 février 1738, Anne, fille de « messire Louis
Bertrand, conseiller du roy en sa Cour de Parlement de Metz, demeurant rue du cloître de la
Cathédrale, et de dame Judith de Gost » (2). Le
frère de Mme de Turmel, Nicolas-François Bertrand,
était, comme son père, conseiller au Parlement de
Metz (3), et, à la même Cour, siégeait également
comme conseiller Louis-Pierre Bertrand, son cousin.
Sa sœur avait épousé Pierre-Henri de Beausire,
commissaire ordinaire de l'artillerie, et son autre
cousin, Claude-Gabriel, était trésorier de France
honoraire au Bureau des Finances. C'était donc,
comme il arrivait souvent dans les familles messines, l'alliance de la magistrature et de l'armée.

Anne Bertrand, douairière de Jean-Joseph-Antoine
de Turmel, mourut à Metz le 29 octobre 1789, à
l'âge de 83 ans. De son mariage avec le maréchal

____

(1) Registres de catholicité de la paroisse de Sainte-Ségolène aux
Archives Départementales.

(2) Registres de catholicité de la paroisse de Saint-Gorgon. —
Cette église, détruite dans la deuxième moitié du xviiie siècle, se
trouvait à l'angle sud-est de l'Hôtel de Ville. — ROGER CLÉMENT.
La rue du Haut-Poirier. Cahiers lorrains d'avril 1922, p. 59.

(3) MICHEL. *Biographie du Parlement de Metz*, 1853, p. 27.

des camps étaient nés deux enfants : Une fille,
Charlotte, et un fils qui suivit brillamment les
traces de son père et qui compte parmi les célé-
brités de la ville de Metz.

Né sur la paroisse de Sainte-Ségolène le 10 octobre 1740, Claude-Joseph de Turmel entra, à 13
ans, le 10 octobre 1753, comme volontaire à l'Ecole
d'artillerie. Il devint sous-lieutenant le 1er janvier 1757,
mais quitta bientôt le corps de l'artillerie pour entrer
dans le régiment de la marine, où il fut promu
lieutenant le 24 février de la même année.

Nous n'essayerons pas de retracer, après Bégin
qui l'a fait d'une façon très exacte (1), la belle
conduite de Claude-Joseph de Turmel durant la
guerre d'Allemagne qui lui valut les grades de
capitaine et de major, puis la croix de Saint-
Louis en 1771.

Embarqué avec son régiment, en 1777, pour la
Martinique, il prit part aux combats malheureux
livrés contre les Anglais par le comte de Guiche
en 1780 et reçut les galons de lieutenant-colonel,
puis dé colonel. Après deux nouvelles campagnes
navales en 1781 et 1782, il fut fait prisonnier par
les Anglais, conduit à la Jamaïque puis en Angleterre, et ne recouvra sa liberté qu'à la suite d'un
échange de prisonniers entre les deux nations
belligérantes. Sa bravoure a inspiré à l'auteur
messin du poème : *Le Temple des Messins* (2), les
vers suivants :

Quae pelagi imperium tumida affectare videtur
Turmeli ingentes animos mentemque sagacem Anglia formidat.

---

(1) *Biographie de la Moselle*, tome IV, p. 368 et suivantes.

(2) Dom Bernardin Pierron. *Templum Metensibus sacrum...* (avec
la traduction en regard), Metz 1779. — De Bouteiller dans son

Après la guerre d'Amérique, durant laquelle il avait exercé les fonctions de major général de l'armée de terre, Claude-Joseph de Turmel occupa le temps de sa mise en non-activité à l'organisation de sa terre d'Antilly, qui lui venait de sa femme. Il était en outre seigneur à Argancy, Olgy, Stroff et autres lieux. En récompense de ses services, Louis XVI le nomma maréchal de camp le 1er mars 1791.

Pendant la Révolution, le général de Turmel fut incarcéré comme suspect. Après dix-sept mois de détention, il reprit le cours de ses travaux agricoles et acheta, au commencement du XIXe siècle, la maison portant le numéro 52 de la rue de l'Evêché à Metz (1). Il mourut dans cette ville, au domicile de son fils Joseph, 506, rue de la Crête, le 21 janvier 1816, âgé de 75 ans. Il était alors membre du Conseil général de la Moselle et l'un des présidents de canton.

Alors qu'il était capitaine aide-major au régiment de la marine et âgé de 29 ans, Claude-Joseph de Turmel épousa à l'église Saint-Martin de Metz, le 22 novembre 1769, Elisabeth, fille d'Antoine de Goussaud, écuyer, seigneur d'Antilly et de Montigny, conseiller au Parlement de Metz, et d'Anne-Marie-Josèphe de Chazelles, dame d'Antilly (2).

Mme de Turmel étant décédée à Antilly le 18

Eloge de Metz, Paris, 1881, p. 140—141, en parle et lui attribue la date de 1769.

(1) BARBÉ. *A travers le vieux Metz. Les maisons historiques*, p. 110.

(2) Cette dernière épousa en secondes noces à Antilly, le 3 mars 1772, Jean-Baptiste-Claude-Arnould d'Argent, chevalier, seigneur de Deux-Fontaines, Fulaine, Saint-Quentin et Chevigny, capitaine du génie en garnison à Metz.

La générale de Turmel était la sœur : 1o de Jean-François Goussaud,

germinal an III (7 avril 1795), le général de Turmel, alors âgé de 55 ans, épousa en secondes noces
Marianne-Marguerite-Christine Le Bachelé, veuve
de « messire Jean-Baptiste-Pierre-Joseph de Maudhuy,
chevalier, seigneur de Beauchamois, Vigny et en
partie de Charly, ancien officier-major au régiment
de Royal infanterie », que nous retrouverons plus
loin. Du premier lit, deux fils étaient nés : Joseph
et Louis de Turmel.

Ce dernier, né à Metz le 27 juillet 1773, épousa
en cette ville le 24 fructidor an XIII (11 septembre
1804) Anne-Louise-Charlotte de la Tournelle, née
à Metz le 9 novembre 1782, fille de Jean-Charles-
Louis de la Tournelle, capitaine de dragons, et de
Louise-Joséphine de Marion. Il mourut sans postérité à Metz le 9 février 1807.

*
* *

L'aîné des fils du général de Turmel, Joseph, a
laissé à Metz, de même que son père, un souvenir
de droiture et de dévouement à la chose publique,
qui se perpétue par leur nom donné à l'une des
rues de la cité (1).

Il naquit à Metz, rue du Porte-Enseigne (2), le

---

né à Metz le 15 décembre 1753, mort en cette ville, sans alliance,
le 23 août 1807. Ce dernier, nommé maire de Metz par arrêté des
Consuls du 13 frimaire, an IX (5 décembre 1800), donna sa dé-
mission le 13 frimaire, an XIV (1er novembre 1805) et fut remplacé
par le baron Marchant. BÉGIN. *Opere citato*, p. 248 et suivantes.
2º de Gabriel-Joseph Goussaud, que nous verrons plus loin.

(1) Par arrêté municipal du 27 avril 1907.

(2) Partie de la rue Serpenoise actuelle, qui s'étendait de la rue
Chaplerue à la rue de la Tête-d'Or.

14 août 1770 et fut baptisé à l'église Saint-Martin
le lendemain. Son parrain fut « messire Gabriel-
Joseph Goussaud, seigneur de Montigny, écuyer,
conseiller au Parlement de Metz », frère de sa mère,
et sa marraine Anne Bertrand, veuve du maréchal
de camp Jean-Joseph-Antoine de Turmel, son aïeule
paternelle.

Joseph de Turmel choisit, comme son père, la
carrière des armes. Une tradition de famille rap-
porte que, du temps où il tenait garnison à Sedan,
le lieutenant de Turmel fit quelques dettes. Son
père, ayant eu connaissance de cette peccadille,
la prit au tragique, fit atteler sa berline et partit
pour Versailles, où il demanda une audience au
roi. Louis XVI, qui n'avait pas oublié les exploits
du général de Turmel durant la guerre pour l'in-
dépendance de l'Amérique, le reçut et lui promit
de lui accorder la faveur qu'il venait solliciter. Le
vieux loup de mer demanda au souverain... une
lettre de cachet contre son fils. Le roi l'accorda à
regret et ce fut, dit-on, l'une des dernières sur
lesquelles il consentit à laisser apposer la signature
du ministre de la police. Le futur maire de Metz
fut donc embastillé ; mais vraisemblablement une
grâce royale suivit de près l'effet de la rigueur
paternelle, car, dès avant le 14 juillet 1789, il
était libre.

Peu de temps après, à l'instar de nombreux officiers, le lieutenant de Turmel partit en émigration et servit dans l'armée des Princes ; c'est pro-
bablement cette circonstance qui fut la cause de
l'incarcération de son père comme suspect. Il rentra en France sous le Consulat et fut, pendant
quelque temps, garde à cheval dans la Conserva-

tion des Forêts à Metz. Durant les dix années de l'Empire, le général de Turmel et son fils se tinrent à l'écart de toute manifestation politique et ne briguèrent ni faveurs ni fonctions publiques. Ils partagèrent leur résidence entre Metz, pendant l'hiver, et Antilly, dès qu'arrivait la belle saison, et s'occupèrent uniquement d'agriculture et d'élevage dans leurs propriétés, qui n'avaient pas été vendues comme biens nationaux. Le général de Turmel mourut à Metz le 21 janvier 1816.

Durant les dernières années de sa vie, il avait abandonné à son fils le soin des travaux agricoles. Ce fut ce dernier qui introduisit en Moselle la culture en grand du colza. En 1810, la Société d'Agriculture avait mis au concours un sujet sur l'éducation des bêtes à laine. Le mémoire de Joseph de Turmel fut classé le premier; mais son auteur demanda que le prix en argent fût attribué à son concurrent M. Henriot, agriculteur à Foville. La Société d'Agriculture acquiesça et fit don d'une médaille à M. de Turmel (1).

Dès le 10 frimaire, an X (1er décembre 1801), celui-ci s'était marié à Antilly avec Charlotte-Louise Monique de Maudhuy, née à Metz le 18 mars 1779. La jeune femme était fille de Jean-Baptiste-Pierre-Joseph de Maudhuy et de Marianne-Marguerite Christine Le Bachelé, laquelle, devenue veuve, s'était remariée avec le général de Turmel, comme nous l'avons vu plus haut. Par le fait de cette union, qui unissait deux anciennes familles de Metz, la générale de Turmel se trouva être deux fois la belle-mère de Joseph de Turmel, puisque

---

(1) Bégin. Tome IV, *Biographie de la Moselle*, p. 370.

celui-ci était en même temps son gendre et son
beau-fils.

A la rentrée des Bourbons en France, Joseph
de Turmel fut créé chevalier de Saint-Louis et
chevalier de la Légion d'honneur. Après les Cent-
Jours, Louis XVIII avait nommé comme maire de
Metz le baron Marchant. Mais l'attitude de celui-
ci durant l'Empire lui avait créé de nombreuses
inimitiés, et sa situation à la tête de la municipalité messine ne tarda point à devenir difficile; il
sollicita lui-même son remplacement. Le roi voulut
alors fixer son choix sur une personnalité bien
connue pour son attachement au trône; par ordonnance du 2 février 1816, il nomma Joseph de
Turmel maire de Metz. Celui-ci ne crut point
devoir se dérober à ce périlleux honneur, dans
des circonstances aussi difficiles et, dans le but de
témoigner à ses compatriotes la satisfaction qu'il
en ressentait, il offrit à la ville la petite cloche
de Verdun, dont il venait de se rendre acquéreur.
Cependant, par un excès de modestie, qui fait
ressortir la noblesse de son caractère, il voulut
qu'aucune mention de ce cadeau ne fût faite, soit
dans les registres des délibérations municipales,
soit dans ceux de la Cathédrale, encore moins
dans les deux gazettes locales. Mais, par contre,
la population eut à cœur de lui témoigner sa gra-
titude en donnant à la cloche le nom de la fille
du donateur.

L'un des premiers arrêtés de M. de Turmel
prescrivit que la cloche municipale sonnerait deux
fois par jour. De six heures moins dix à six heures
du matin en été et de sept moins dix à sept heures
en hiver, pour donner le signal du balayage des

trottoirs et des rues par les habitants (1). La seconde sonnerie de dix heures du soir prescrivait de se retirer chacun chez soi, parce que les rues n'étaient pas encore éclairées (2).

Durant quatorze années, l'administration de M. de Turmel ne cessa d'être prudente, active et particulièrement libérale. Quand ses fonctions législatives, l'obligèrent, depuis 1820, à habiter Paris pendant une partie de l'année, il ne cessa de se faire tenir au courant dès affaires municipales par ses adjoints. Nous ne pouvons, dans cette brève notice, en relater que les principaux résultats.

Dès son installation, M. de Turmel obtint, par ordonnance du 12 octobre 1816, la restitution, au profit de la ville de Metz, de ses anciennes armoiries, désormais débarrassées de ses emblèmes impériaux (3).

En toutes circonstances, le nouveau maire s'associa aux efforts tendant à développer l'agriculture dans le pays messin, à prévenir les effets de la disette de 1816 et de 1817, et à assurer ainsi l'approvisionnement en grains de la ville.

C'est à son initiative personnelle qu'est due la création d'une Société départementale d'assurances mutuelles contre l'incendie, dont il lança l'idée

(1) Cette coutume persista jusqu'au régime allemand, qui organisa le dispendieux balayage municipal, encore en vigueur.

(2) Un manuscrit intitulé : *Essais historiques sur Metz,* relate que cet usage remonte à 1431, époque à laquelle le magistrat défendit à tout bourgeois, sous peine de quarante sous d'amende, de sortir sans lanterne après le signal donné par un son de cloche. — *Journal de la Moselle* du 16 janvier 1821. C'était l'une des cloches de l'église Sainte-Croix, refondue en 1739, qui sonnait le couvre-feu.

(3) COMMANDANT GELINET. *Les armes de la ville de Metz.* Journal *Le Lorrain* du 22 novembre 1919.

dans le numéro du '28 mai 1819 du *Journal du Département de la Moselle*. Malgré la concurrence des Sociétés parisiennes d'assurances à primes fixes, qui avaient la faveur du gouvernement, cette Société fut autorisée par ordonnance royale du 19 juillet 1820. Elle a prospéré depuis et, reconstituée en 1839 sous le nom « La Messine », elle existe encore actuellement (1).

Lorsque quelques érudits messins se réunirent le 14 mars 1819, pour jeter les bases d'une *Société littéraire*, le Préfet, comte de Tocqueville, et le maire de Metz approuvèrent ce projet. Tous deux prirent des arrêtés dans ce sens: le premier, dès le 22 mai suivant, pour autoriser la constitution de la Société, et le second, le 20 décembre 1819, pour lui affecter comme local la salle de la Bibliothèque publique. Le 3 octobre, M. de Turmel avait été nommé membre d'honneur de cette compagnie, à laquelle une ordonnance du 5 septembre 1828 donna le nom d'*Académie royale de Metz* (2).

En même temps, il favorisait l'heureuse initiative prise par un Messin philanthrope, disciple de Benjamin Delessert, dans le but de fonder une « Caisse d'Épargne et de Prévoyance à l'usage particulièrement des pauvres ouvriers de la ville de Metz ». Adoptée par le Conseil municipal le 23 août 1819, cette institution reçut l'agrément du roi par ordon-

---

(1) EUGÈNE COLON, « La Messine », Société locale d'assurances mutuelles immobilières contre l'incendie. *Mémoires de l'Académie de Metz*, 1877-78, pages 41 et suivantes.

(2) FLEUR, *Table générale des Mémoires de l'Académie de Metz, avec les pièces les plus importantes pour l'histoire de la reconstitution de l'Académie en 1819*, pages 182 et suivantes. *Mémoires de la Société des lettres, sciences et arts de Metz*, 1819-1820, page 12. *Mémoires de l'Académie Nationale de Metz*, 1847-1848, page 28.

nance du 1er janvier 1820. Pendant dix ans, M. de Turmel en resta le président (1).

L'une des premières initiatives de la Société littéraire est intéressante pour l'époque où elle se manifesta. M. Bergery (2), l'un de ses membres, fit ressortir, dans une de ses séances, l'importance qu'auraient l'instruction et l'éducation professionnelles des ouvriers, pour le développement de l'industrie locale. La Société littéraire, devenue Société des lettres, sciences et arts, prit l'œuvre sous sa protection et le maire de Metz offrit le local nécessaire pour les cours, dont le premier fut professé par M. Bergery le 8 novembre 1822. Cette institution devint bientôt si prospère, que la municipalité dut augmenter le nombre des professeurs à la rentrée d'octobre 1825. Le 9 décembre de l'année suivante, M. de Turmel organisa, dans la salle de la Bibliothèque municipale, une exposition permanente des « instruments, modèles et produits remarquables pour l'application des sciences, exécutés, dans les ateliers, par les artisans élèves du cours de géométrie et de mécanique, afin que les ouvriers puissent les visiter tous les dimanches »; et il fit accorder, par le Conseil municipal, trois prix destinés à récompenser les meilleurs exposants.

Dans le but de développer le goût artistique dans la population, le maire de Metz avait fondé, dès le 2 octobre 1820, une école gratuite de dessin et de peinture, dont Lutton et Désoria, puis Hussenot furent successivement les directeurs. Il

____

(1) PIERRE FEIL, *La Caisse d'Épargne de Metz*. Historique à l'occasion de son centenaire en 1920.

(2) CLAUDE LUCIEN, 1787-1869, professeur à l'École d'application de l'artillerie et du Génie à Metz. QUÉPAT, *opere citato*, page 38.

réussit à la faire vivre, grâce aux subsides annuels du Conseil municipal et du Conseil général de la Moselle, dont il était le président. L'année suivante (3 janvier 1821), M. de Turmel compléta son œuvre en créant à Metz une École municipale gratuite de musique, qui subsista pendant de nombreuses années ; mais le cours de botanique, qu'il fonda en même temps, n'eut pas tout le succès auquel il s'attendait.

Nous avons vu les services rendus par M. de Turmel lors de la disette de 1816. L'hiver de 1829-1830 fut particulièrement long et rigoureux ; il jeta dans la misère de nombreuses familles d'ouvriers. Grâce à l'activité du maire, une souscription publique réunit des sommes importantes, qui furent employées à des travaux d'édilité. Cette assistance par le travail, dont l'évêque Mgr de Coislin avait donné l'exemple au siècle précédent, est l'un des premiers essais, que l'on répéta ensuite sous le nom d'*ateliers de charité*.

Le libéralisme de Joseph de Turmel et son dévouement à la classe ouvrière s'étaient déjà manifestés par l'installation à Metz d'un *Conseil des Prud'hommes*, dû à ses pressantes sollicitations auprès des pouvoirs publics. Il en donna des preuves en toutes circonstances. Catholique pratiquant, il avait, dès le début de son arrivée à la mairie, et au plus fort de la Terreur Blanche, favorisé l'établissement d'une école privée pour les israélites de Metz et tint à en présider la première distribution des prix faite aux élèves le 1er octobre 1819.

C'est sous son administration que fut ouverte la rue du Commerce (23 juin 1825), qui porte actuellement le nom de Paul Bezanson, l'un de ses successeurs à l'Hôtel-de-Ville. Il compléta l'élargissement de la rue Lasalle, en faisant supprimer une voûte qui formait passage et raccourcir le bras droit du transept de l'église Saint-Martin. Le vitrail de la nouvelle fenêtre porte le nom de M. de Turmel, ce qui permet de supposer qu'il en fut le donateur. Il fit également restaurer la salle de spectacle du Théâtre municipal, sans réussir à y attirer le grand public (septembre 1820, février 1821 et février 1824).

Par ordonnance du 12 septembre 1821, le département de la Moselle avait été autorisé à céder, pour la somme de 121 520 francs, les terrains et bâtiments de l'ancien évêché, situés dans le voisinage de la cathédrale. Le contrat fut réalisé grâce à la vente, consentie par la ville à des particuliers, des terrains et bâtisses de l'antique Palais de Justice (actuellement rues du Palais et Ambroise-Thomas), dont les services ne tardèrent pas à être transférés dans le superbe Palais du Gouvernement, où ils sont restés. Le 24 février 1823, la ville acheta également l'ancienne église Saint-Victor (1) et en réunit le terrain à celui de l'ancien évêché, pour y construire le marché couvert actuel. Les formalités administratives et les plans ne furent terminés que trois ans plus tard, et les travaux de construction mis en adjudication le 28 juin 1827 (2).

------

(1) Elle était située un peu à droite du prolongement de l'axe du pont des Roches ; du côté du chœur, elle aboutissait à la rue au Blé.

(2) Une partie des renseignements que nous donnons ci-dessus, au sujet de l'administration de M. de Turmel, nous ont été communiqués par M. Barbé, qui vient de terminer son ouvrage sur *Les municipalités de Metz de 1789 à 1922.* Les autres sont extraits des registres des délibérations municipales et des journaux

Confirmé par Louis XVIII dans les fonctions de maire de Metz le 4 mai 1821, M. de Turmel y fut maintenu pour cinq ans par ordonnance de Charles X du 28 décembre 1825. Les événements politiques n'abrégèrent son mandat que des dix derniers mois. Afin de récompenser les services rendus par lui à la chose publique, le gouvernement l'avait nommé inspecteur général des forêts le 24 avril 1824 et, le 16 novembre de la même année, trésorier-payeur général de la Moselle. Ses adversaires politiques ne manquèrent pas, plus tard, de lui faire grief du cumul de ces fonctions qui, à cette époque, n'avaient rien de contraire à la loi.

Entré au Conseil général de la Moselle, M. de Turmel en fut aussitôt élu président le 15 juillet 1825 et réélu, sans concurrent, à chacune des sessions des quatre années suivantes. Durant ce temps, il ne cessa de s'occuper des intérêts agricoles et économiques du département, de l'établissement de nouvelles routes, de l'amélioration des canaux et rivières, et fit commencer la construction de la maison d'arrêt de Metz (1), rue des Trois-Boulangers.

Désigné par le roi comme président du deuxième collège électoral d'arrondissement, M. de Turmel fut élu député de la circonscription de Metz, sans concurrent, le 13 novembre 1820 et réélu le 16 novembre 1822. Après la dissolution de la Chambre,

---

locaux de l'époque, ou proviennent des notes de M. l'abbé Bour, professeur au Grand Séminaire.

(1) Sur les plans de M. Bouquet, ingénieur des Ponts et Chaussées, en 1829. — BÈGIN, *Guide de Metz*, p. 153-154. — BOUCHOTTE, *Mémoires de l'Académie de Metz*, 1829-1830, 1re partie, p. 204.

il fut également élu contre M. Chédaux le 24 février 1824 et réélu le 18 novembre 1827 ; mais il échoua, contre le général Semmelé, aux élections du 27 juin 1830, qui suivirent la nouvelle dissolution de la Chambre, décision fatale au gouvernement de Charles X (1).

Lorsque le courrier de Paris ramena à Metz les deux élèves-officiers de l'École d'application, envoyés à Paris pour s'enquérir des événements qui venaient de se passer dans la capitale les 27, 28 et 29 juillet 1830, ce fut une stupéfaction générale, aussi bien parmi les royalistes que chez les libéraux. M. de Turmel quitta l'Hôtel-de-Ville dans la matinée du 1er août et remit la direction des services municipaux à son adjoint Emile Bouchotte (2), qui fut nommé maire de Metz le 10 août suivant. Bientôt après, il se vit révoqué de ses fonctions administratives et remplacé au Conseil général le 21 novembre 1830.

En toutes circonstances, le député-maire de Metz avait tenu à témoigner son attachement à la cause de la Légitimité. Il avait envoyé des adresses au roi à l'occasion de l'assassinat du duc de Berry (5 mars 1820) et de la naissance du duc de Bordeaux (29 septembre 1820). Il avait assisté au baptême de ce prince le 21 mai 1821 et avait été, à cette occasion, promu officier de la Légion d'honneur. Comme

---

(1) La galerie de portraits de famille que possède le général de Lardemelle, gouverneur de Metz, renferme un excellent portrait au crayon de M. de Turmel en costume de député, exécuté par Léon Noël en 1829. C'est le portrait reproduit dans l'ouvrage de M. Barbé cité plus haut.

(2) Né à Metz le 25 novembre 1796, décédé à Nancy le 5 septembre 1878, neveu du ministre de la Convention. — QUÉPAT, *opere citato*, pages 56 et suivantes.

représentant de la ville de Metz, il se trouvait à
Reims au sacre de Charles X et avait présenté à
celui-ci les clefs de la cité (1), lors de son passage
à Metz, le 3 septembre 1828. Il resta donc fidèle
à ses convictions politiques et se retira de la vie
publique sans amertume. Dès lors, M. de Turmel
s'occupa uniquement d'agriculture à Antilly et
mourut, dans sa maison de la rue Mazelle à Metz,
le 15 mars 1848. Quelques jours auparavant, il
avait appris le départ, pour son troisième et dernier exil, du fils de Philippe-Egalité qu'il regardait
comme un usurpateur et auquel il avait refusé de
prêter le serment de fidélité.

* *
*

Du mariage de Joseph de Turmel avec Mlle de
Maud'huy, naquirent à Metz trois enfants (2) ;
1º Joseph de Turmel, le 26 fructidor, an X (13 septembre 1802); 2º Anna dite Anne de Turmel, le
1er germinal, an XIII (22 mars 1805), qui donna
son nom à la cloche municipale et mourut à Metz
le 1er novembre 1862; 3º Charles de Turmel, né
le 11 octobre 1809. Ce dernier entra dans les
ordres, en 1833, devint vicaire de Saint-Martin,
aumônier du Pensionnat de Sainte-Chrétienne, puis
en 1855 chanoine, et enfin archiprêtre de la cathédrale. Il est l'auteur de quelques notices sur des

____

(1) En ces termes : Elles n'ont jamais été touchées que par un
vainqueur... ; des rois de France seuls les reçurent... — L'annuaire
de Verronnais pour 1829 renferme une assez bonne gravure représentant l'entrée de ce souverain à Metz, par la Porte de France.

(2) Un quatrième, Julie, née à Metz le 9 décembre 1807, mourut
le 23 du même mois.

sujets de l'histoire religieuse de Metz, qui ne sont
pas sans valeur. Il est mort en cette ville le 25
août 1885.

Joseph de Turmel, fils aîné du député-maire, se
destina à la magistrature, après avoir fait ses études
de droit à Paris. Nommé juge-auditeur le 13 octobre 1824, il fut successivement substitut à Rethel,
puis au tribunal civil de Metz le 5 septembre 1826.
Il était procureur du roi à Briey quand éclata la
Révolution de Juillet 1830 et fut destitué le 27 septembre suivant (1). Nommé juge à Briey en 1837,
puis juge au tribunal de première instance de Metz
en 1847, et enfin juge d'instruction au même siège
et vice-président de ce tribunal en 1857, il devint
conseiller à la Cour de Metz en 1862. L'annexion
lui fit quitter sa ville natale en 1873. N'ayant point
sollicité de poste dans une autre cour d'appel, il
se retira à Pont-à-Mousson, où il mourut le 30 octobre 1884. De son mariage avec Françoise-Ga-
brielle-Sophie de Richard d'Aboncourt naquirent
seulement deux filles : 1º Charlotte de Turmel, qui
épousa à Metz le 10 avril 1866 Louis-Ernest de
Jobal (2) et qui, devenue veuve le 29 mars 1877,
entra comme Sœur professe au couvent de la Vi-
sitation de Metz ; et 2º Mlle Anna de Turmel,
épouse en premières noces du vicomte Jules de
Lesguern, dont elle a un fils, et, en secondes noces,

---

(1) Le 24 octobre de la même année, deux cents citoyens appar-
tenant à la Garde Nationale de Briey lui envoyèrent une adresse
pour lui exprimer leurs regrets de le voir quitter le Parquet de
cet arrondissement ; *Journal de la Moselle* du 27 septembre 1830.

(2) Fils de Pierre-Jean-Baptiste-Thérèse de Jobal, officier au régiment de Penthièvre, chevalier de Saint-Louis, qui avait épousé
en secondes noces le 14 novembre 1818 Marie-Marguerite-Louise-
Constance de Courten. — POIRIER, *Opere citato*, p. 349, note.

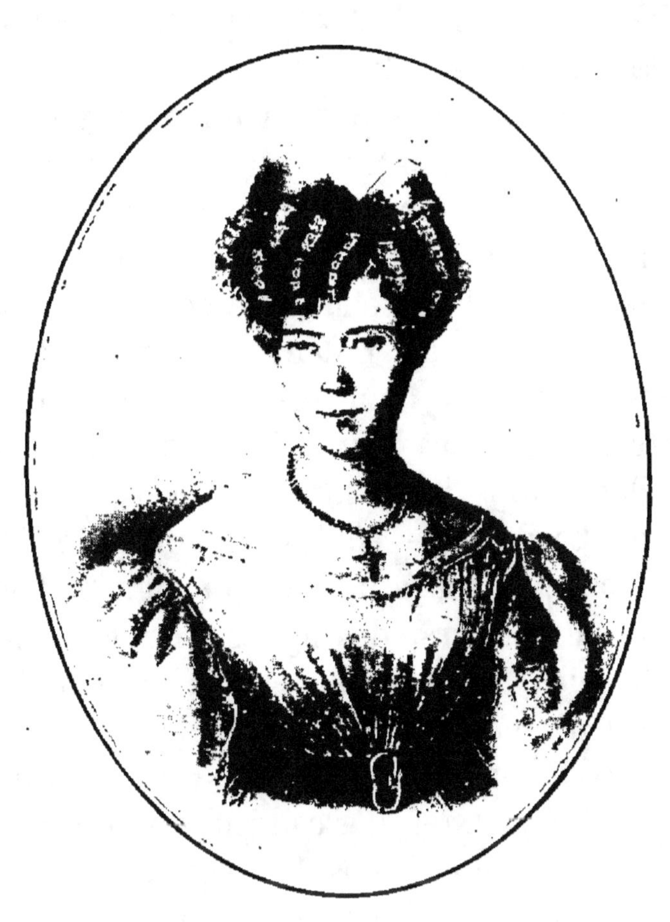

MADAME CH. DE LARDEMELLE

NÉE ANNE DE TURMEL

de M. le comte Louis de Courten, ancien colonel de la Garde pontificale, demeurant à Nancy.

Anne de Turmel, dont le gracieux visage, avec ses yeux en amande, a été reproduit dans un excellent dessin (1) de dès Robert, artiste messin, épousa à Metz, le 26 avril 1827, Marie-Jacques-Joseph-CHARLES, fils de Jean-Baptiste-Joseph de Lardemelle, que nous retrouverons plus loin. A cette époque, les pères des deux jeunes gens siégeaient l'un et l'autre au Centre droit de la Chambre des Députés ; le premier était maire de la ville de Metz ; le second, maire de la commune de Ban-Saint-Martin, où il possédait une belle résidence (2). Le mariage de leurs enfants fut, pour les deux députés-maires, une heureuse occasion de resserrer plus étroitement des liens d'amitié qui unissaient depuis longtemps leurs familles.

Les de Lardemelle sont originaires de l'Artois ; ils ont donné au pays une longue lignée d'officiers et d'administrateurs distingués. Leurs armoiries sont : *D'argent à la fasce de gueules, à la bordure componée d'argent et de gueules* (3).

Charles-Thomas de Lardemelle, né le 2 mars 1696, mort en 1765, chef d'escadron au régiment de Puissieux incorporé dans le régiment Mestre de Camp cavalerie, chevalier de Saint-Louis, eut quatre fils :

---

(1) Ce dessin est l'un des joyaux des souvenirs de famille et de la riche collection artistique du général de Lardemelle, gouverneur de Metz, qui ornent actuellement le premier étage du Palais du Gouvernement de la Place.

(2) La rue qui borde l'un des côtés de cette propriété a reçu le nom du député-maire de Lardemelle.

(3) D'AURIAC. *Armorial de la noblesse de France*, verbo de Lardemelle.

1º Jean-Baptiste-Alexis de Lardemelle, écuyer, capitaine au régiment de la Mestre de camp générale cavalerie en 1776, puis lieutenant-colonel au régiment de chasseurs de Bretagne, maréchal des camps et armées du roi, au moment de sa retraite, chevalier de Saint-Louis, seigneur de Corvol, Lanoue, Chevanne, Saint-Mathelin et autres lieux. De son mariage avec Marie-Marthe, baronne de Corvol, il eut un fils, Henry-Robert-Joseph de Lardemelle de Corvol, capitaine au 10ᵉ régiment de chasseurs à cheval, commandé par son père, puis aux chasseurs nobles de l'armée de Condé, qui fut tué en duel à Decize, quelque temps après son retour d'émigration et quelques jours avant la date fixée pour son mariage.

2º Le chevalier Toussaint-Joseph de Lardemelle, né à Valenciennes le 14 septembre 1725, major au régiment de Normandie, lieutenant-colonel commandant le 13ᵉ régiment d'Orléans cavalerie en 1780, colonel du même régiment, puis maréchal des camps et armées du roi, chevalier de Saint-Louis, décédé subitement à Chinon le 13 novembre 1806, sans laisser de postérité.

3º Jacques-Joseph de Lardemelle, entré dans l'administration de la Guerre, décédé, également sans postérité, à Toul en 1809 (1).

4º Jean-Baptiste-Joseph-Marie de Lardemelle, né à Valenciennes en 1737 qui, le premier de la famille, vint s'établir à Metz. Après avoir fait les campagnes d'Allemagne comme officier de cavalerie, il fut destitué en 1793 et devint garde-ma-

---

(1) Ces trois personnages figurent dans les registres de catholicité des paroisses de Metz, soit comme témoins, soit comme parrains des enfants de leur frère Jean-Baptiste-Joseph-Marie.

gasin de la régie des vivres à Metz (1), fonction
équivalente à celle d'intendant militaire actuel. Il
épousa en cette ville Julie, fille de Claude-Joseph
Beghin, commis principal au bureau de la Guerre
à Paris, puis sous-chef au bureau des Grâces, et
de Jeanne-Marthe Ducan, tous deux originaires de
Metz.

De ce mariage naquirent huit enfants. Des six
filles, plusieurs contractèrent des alliances avec
des familles honorables du pays messin et y firent
souche (2). L'un des fils, Charles-Joseph, né à
Metz le 11 avril 1768, devint capitaine au 10ᵉ régiment de chasseurs à cheval, servit dans l'armée
de Condé et mourut célibataire durant l'émigration.

L'autre, JEAN-BAPTISTE-Joseph de Lardemelle, né
à Metz le 26 août 1773, s'illustra d'une façon particulière. Entré aux chasseurs de Haïnaut, depuis
5ᵉ régiment de chasseurs à cheval, le 17 septembre 1789, il fut nommé sous-lieutenant le 15 septembre 1791, prit part, avec Dumouriez, à la
campagne de Belgique en 1792, se battit à Valmy
et fut nommé lieutenant le 8 mars 1793. Arrêté
comme suspect, avec le colonel de son régiment,
M. de Lanoue, au mois de septembre suivant, il
subit une incarcération de plus d'une année à

---

(1) Il semble avoir été attiré dans cette ville par son parrain
Jean-Baptiste de Lasalle, commissaire des guerres, oncle du fameux
général Lasalle.

(2) L'une, Marie-Joséphine-Sophie, née à Metz le 8 juin 1767,
mariée à François-Etienne-Joseph, chevalier de Varennes de Champ-
fleury, capitaine, chevalier de Saint-Louis, mort sur l'échafaud en
1794, qui se remaria avec M. de Lenin. Julie épousa le comte de
Bernes, lieutenant-général, grand cordon de Saint-Louis. Et une autre
épousa M. Saisset, père du vice-amiral Saisset, membre de l'As-
semblée Nationale en 1871.

Béthune (1). Libéré sur les instances de la municipalité de Dunkerque, le lieutenant de Lardemelle
dut dès lors quitter le service actif et ne voulut
point émigrer. Grâce à l'intervention de son compatriote Bouchotte (2), il entra dans l'administration de la Guerre, où avait été son père, et suivit,
comme garde des vivres, l'armée du Rhin avec
Jourdan et celle de Masséna en Suisse, au cours
des années 1798 et 1799, puis revint à Metz en 1801,
pour y exercer les mêmes fonctions jusqu'en 1804.

Comme Joseph de Turmel, Jean-Baptiste de
Lardemelle resta à l'écart durant toute la période
de l'Empire et, de même que son ami, s'occupa
uniquement d'agriculture, dans sa ferme de Cham-
pion. Ses connaissances spéciales en matière de
ravitaillement lui permirent de s'associer d'une
façon utile aux efforts du maire de Metz pour
conjurer les effets de la disette de 1816. Aussi,
l'année suivante, reçut-il, des mains du duc de
Berry, la croix de la Légion d'honneur. Celle d'officier du même ordre lui fut conférée le 8 juin 1825,
à l'occasion du sacre de Charles X, cérémonie à
laquelle il assista comme délégué de la ville de
Metz.

Elu député de la Moselle, par le Grand Collège, dès
1822, Joseph-Baptiste de Lardemelle fut constamment réélu jusqu'en 1830 et occupa une situation
importante dans les délibérations de la Chambre.
Aux élections du 6 juillet 1831, il renonça à poser

____

(1) Nérée Quépat. *Opere citato*, p. 281 et 282.

(2) Jean-Baptiste-Simon, né à Metz en 1753, ordonnateur dans
l'administration de la Guerre ; adjoint à son frère Jean-Baptiste-
Noël, nommé ministre par la Convention le 4 avril 1793, il suivit
la disgrâce de celui-ci. — Bégin, *Op. cit.*, p. 141.

sa candidature à la nouvelle Chambre des députés.
Cependant il continua à s'occuper des intérêts de
ses concitoyens. Avant son entrée dans la politique,
il avait été nommé maire de Ban-Saint-Martin.
Rendu à la vie privée, il accepta de faire partie
du Conseil municipal de Metz (1) et du Conseil
général de la Moselle ; il était commandant de la
Garde Nationale à cheval et remplit, pendant plusieurs années, les fonctions d'administrateur des
hospices de la ville. Il avait vendu sa propriété de
Ban-Saint-Martin pour acheter à la dernière des-
cendante des comtes de Saintignon le château et
le beau domaine de Puxe, d'une contenance de
300 hectares. C'est là qu'il passa les vingt dernières
années de sa vie, s'occupant d'agriculture et qu'il
mourut (2) le 29 septembre 1855.

Pendant qu'il était inspecteur des vivres à l'armée
du Rhin et Moselle, Jean-Baptiste de Lardemelle
épousa à Colmar le 23 frimaire an V (1797) Marie-
Anne-Antoine-Joséphine, née à Colmar le 12 août
1777, fille de François-Antoine Queffemme, ancien
conseiller au Conseil Souverain d'Alsace, et de Marie-
Françoise-Joséphine Noblat. C'est à Aarau, en
Suisse, qu'il apprit qu'un fils lui était né à Colmar
le 7 fructidor an VII (27 août 1799) qui fut pré-
nommé Marie-Jacques-Joseph-CHARLES, l'aîné de ses
quatre enfants.

---

(1) Il est l'auteur d'un projet, malheureusement abandonné, qui
consistait à prolonger la rue Nexirue jusqu'à l'Esplanade, parallè-
lement à la rue des Clercs, afin d'ouvrir une perspective sur la
cathédrale et d'amorcer le dégagement du Palais de Justice.

(2) Et non à Paris, comme l'indique Nerée Quépat. Le général
de Lardemelle, gouverneur de Metz, possède de son arrière-grand-
père un excellent portrait en costume de député et un très bon
portrait au crayon de R. des Robert.

1. — Entré, à l'âge de quinze ans, dans les gardes
du corps de Louis XVIII, Charles de Lardemelle
fut bientôt nommé lieutenant dans les grenadiers
à cheval de la Garde, puis au 8e régiment de chasseurs. A la suite d'une blessure reçue en duel, qui
avait provoqué l'ankylose de son bras droit, il dut
quitter le service actif et obtint de prendre la place
de son père dans l'administration des vivres militaires, sous la condition de renoncer à la retraite.
Il fut destitué en 1830, mais reprit du service plus
tard, comme officier comptable en Algérie, puis à
l'armée d'Orient. Il était chevalier de la Légion
d'honneur et décoré de l'Ordre du Medjidié ; il
mourut à Amélie-les-Bains le 12 mars 1870.

Nous avons relaté plus haut les circonstances
dans lesquelles les députés-maires de Turmel et
de Lardemelle conclurent le mariage de leurs enfants en 1827 (1). Anne de Turmel, devenue
Mme Charles de Lardemelle, donna à son mari deux
fils : le premier JOSEPH-Emile de Lardemelle, né
à Metz le 28 mars 1828, mort à Paris en 1897,
épousa dans cette ville, le 19 mars 1855, Jeanne-
Gabrielle-Henriette, fille de Auguste-Sébastien de
Beausire, capitaine d'artillerie (2), et de Virginie-

____

(1) Parmi les personnes qui assistèrent à ce mariage, on remar-
que : Jean-Baptiste Klie, chevalier de la Légion d'honneur, président du tribunal civil de Metz ; Jean-Baptiste-Martin de Julvecourt,
président de chambre à la Cour Royale de Metz, chevalier de la
Légion d'honneur, grand-oncle de l'épouse ; Henri-Joseph de Beausire, chanoine de la cathédrale depuis 1786, son cousin germain ;
le comte et la comtesse de Geslin née de Lardemelle, son oncle et
sa tante, que l'on verra plus loin.

(2) Celui-ci était fils de Laurent-Louis-Elisabeth de Beausire, né
à Metz le 24 août 1766, inspecteur des forêts à Briey, puis à Metz,
fils lui-même de Marie-Claude-Sébastien Beausire (1738—1805) et
d'Anne-Antoinette Goussaud.

Henriette Gorcy. Il était alors attaché à la tréso-
rerie de l'armée à Oran, et eut de ce mariage une
fille, Louise, actuellement veuve du colonel de
Chavigné. Le second, Louis-Marie de Lardemelle,
né à Metz le 5 décembre 1830, percepteur des
contributions directes à Metz, décédé à Maxéville
en 1898, épousa sa cousine germaine, Marie de
Lardemelle, que nous retrouverons plus loin et
dont il eut trois enfants.

2. — Marie-ERNEST, deuxième fils de Jean-Baptiste
de Lardemelle et de Marie-Anne-Antoine-Joséphine
Queffemme, naquit à Ban-Saint-Martin le 23 septembre 1809. Après avoir terminé ses études de
droit, il se destinait à la magistrature, mais il en
fut empêché par les événements de 1830 qui bri-
sèrent la carrière politique de son père. Marié à
Mlle Huyn de Vernéville, d'une ancienne famille
messine, il eut une seule fille, Marguerite de Lardemelle, qui épousa le baron de Tricornot (1).

3. — Du mariage de Jean-Baptiste de Lardemelle
et de Mlle Queffemme naquit également à Metz,
le 2 messidor an IX (30 juin 1801), une fille
Marie-Joséphine, qui épousa, en la même ville le
18 mai 1820, Edouard-René, comte de Geslin, chef
d'escadrons, maréchal des logis du roi, officier de
la Légion d'honneur, démissionnaire en 1830, mort
en 1853, laissant deux fils, qui se sont illustrés
dans les armes (2).

---

(1) De ce mariage naquirent deux filles : Jeanne, épouse du colonel Albert Lamy de la Chapelle, et Clémence, épouse du général
de Dartein, membre de l'Académie de Metz. Le fils du général de
Dartein, Charles, est mort pour la France en 1914.

(2) L'un est le général de Geslin, le héros de Sainte-Marie-aux-
Chênes, qui était à la tête du 94e régiment d'infanterie le 18 août

4. — Le troisième fils du député-maire de Lardemelle et de la fille du conseiller au Conseil Souverain d'Alsace, Marie-François-Antoine-JULES de Lardemelle, né à Ban-Saint-Martin le 24 mai 1811, était élève à l'Ecole de Saint-Cyr lorsqu'il démissionna en 1830 ; plus tard il suivit comme officier le maréchal de Bourmont dans sa campagne en Portugal en faveur de dom Miguel et mourut à Nice le 15 janvier 1864.

De son mariage, célébré à Nancy le 26 février 1840, avec Amélie-Valérie de Ravinel, issue de l'une des plus anciennes familles de Lorraine, Jules de Lardemelle eut deux fils et deux filles :

1. Marie-Georges de Lardemelle, né au château de Puxe le 15 septembre 1844, commandeur de la Légion d'Honneur, général de brigade en retraite, demeurant à Nancy, qui a épousé Mlle de Rousselot de Morville, et dont les trois fils ont été tués à l'ennemi pendant la Grande Guerre : Maurice de Lardemelle, lieutenant-colonel, commandant le 5e régiment d'infanterie ; Henri de Lardemelle, capitaine au 26e bataillon de chasseurs à pied ; et Jacques de Lardemelle, capitaine de cuirassiers (1).

2. Marie-MAURICE de Lardemelle, né à Puxe le 5 juin 1847, sous-lieutenant au 94e régiment d'infanterie, commandé alors par son cousin le colonel de Geslin ; blessé mortellement à Saint-Privat et décédé à Metz le 22 août 1870.

1870, et l'autre, Armand de Geslin, qui fit partie de l'armée d'Orient, en qualité d'aumônier militaire, mort en Crimée.

(1) Le capitaine Henri de Lardemelle était le seul des trois fils qui fût marié. Il laisse un fils et une fille. Des deux filles du général Georges de Lardemelle, l'une a épousé le général de brigade de Susbielle, l'autre est célibataire.

3. Marie-Louise de Lardemelle, la cadette, née à Nancy le 17 janvier 1843, qui épousa le colonel du génie Frédéric Seguinaux de Préval (1).

4. Enfin, Marie de Lardemelle, née à Nancy le 8 août 1841, qui épousa, comme nous l'avons vu, Louis-Marie de Lardemelle, son cousin, et qui mourut à Epehy (Somme) le 24 juin 1874. De cette union sont issus trois enfants : 1º Anne-Marie de Lardemelle, née à Metz le 2 décembre 1868, qui épousa M. Passerat de la Chapelle, d'une vieille famille messine, dont elle a quatre filles et trois fils. L'aîné de ces derniers, Guy de la Chapelle, engagé volontaire en 1914, s'est brillamment conduit pendant la Grande Guerre et a été décoré de la Légion d'Honneur comme lieutenant dans l'aviation ; 2º Henri-Marie de Lardemelle, né à Epehy le 2 novembre 1872, capitaine au 48e régiment d'infanterie, mort pour la France à Guise le 29 août 1914 ; il avait épousé Mlle de Cormette et a laissé un fils et trois filles ; 3º l'aîné, né à Metz, place Saint-Martin, le 5 mai 1867, Charles-Marie de Lardemelle, est aujourd'hui commandant du 6e corps d'armée, commandeur de la Légion d'Honneur et gouverneur militaire de la ville où il a vu le jour.

Membre d'honneur de l'Académie de Metz, le général de Lardemelle a bien voulu faciliter nos recherches sur la vie de ceux qui l'ont précédé dans le chemin de l'honneur et du devoir. Qu'il

---

(1) Ils ont deux enfants : M. Henri de Préval, lieutenant-colonel à l'état-major du 6e corps d'armée à Metz, qui a épousé Mlle de Faultrier, issue d'une famille messine, et. M. Maurice de Préval, chef d'escadrons de cavalerie à Senlis, qui a épousé Mlle de Berneville.

veuille bien trouver ici l'expression de notre gra-
titude. Mais il ne souffrirait pas qu'une plume in-
compétente ait la prétention de relater, dans cette
modeste monographie, sa brillante carrière militaire et ses hauts faits d'armes durant la Grande
Guerre. Ceux-ci sont entrés dans l'Histoire de
France et elle les a déjà inscrits sur ses tables
de marbre.

Telles sont, en abrégé, les annales de deux familles françaises qui ont honoré leur grande patrie
par l'éclat de leurs vertus civiques et militaires,
et dont leur petite patrie messine a le droit d'être
fière.

*　*

Lorsque *Mlle de Turmel* « la cadette » sortit
des ateliers du fondeur Goussel, sa robe neuve
d'airain avait à peu près la même forme que celle
de son aînée ; mais sa décoration n'était pas pareille. — La mode, même pour les cloches, a
beaucoup changé depuis l'an X de la République
jusqu'en 1875. — Nous ne connaissons ni les di-
mensions ni le poids de la cloche verdunoise ;
mais nous savons, par l'abbé Bour, que la cloche
fondue à Metz pèse 45 kilogrammes environ ;
qu'elle mesure 35 centimètres de haut, sans la
couronne, et 43 centimètres à son diamètre infé-
rieur. Elle n'a donc pas la folle prétention de se
faire passer pour être aussi grosse que la *Mutte !*

Dans une pieuse pensée, qui trahit bien ses
sentiments patriotiques, la municipalité d'alors
voulut que l'inscription de la nouvelle cloche rappe-

làt son origine française. Cette inscription, en relief, est composée de majuscules romaines modernes de 16 millimètres de hauteur, formant deux
textes de chacun neuf lignes, séparés dans le sens
vertical par un ornement.

D'un côté, on lit :

JAI ÉTÉ REFONDUE LAN ‖ 1875 ‖ M PAUL BEZANSON (1)
ÉTAIT ‖ MAIRE DE METZ ‖ ADJOINTS ‖ M M L F GAUTIER ‖
P F HUMBERT ‖ J N JEANDELIZE ‖ N° 2544 (2)

On voit à la suite les armes de la ville.

Les lignes du second texte de l'inscription sont
plus larges :

ON MA IMPOSÉ LÉ NOM DE MARIE JEANNE ‖ LORSQUE
JE FUS DONNÉE A LHOSPICE SAINTE ‖ CATHERiNE A
VERDUN LAN X DE LA ‖ RÉPUBLIQUE FRANÇAISE PAR
LE CITOYEN ‖ F HUGIN MAIRE DE CETTE VILLE ‖ JE
FUS DONNÉE A LA VILLE DE METZ LAN 1816 ‖ PAR
M DE TURMEL MAIRE POUR SONNER LA ‖ RETRAITE
DES BOURGEOIS LE PEUPLE MESSIN ‖ ME DONNE LE
SURNOM DE Mlle TURMEL ‖ J GOUSSEL-FRANÇOIS... 1875.

La marque du fondeur est inscrite dans un car-
touche à la suite du texte.

La clochette que nous venons de décrire (3) fut
placée là où elle se trouve encore actuellement,

---

(1) Paul-Théodore-Auguste, né à Sarrelouis en 1804, mort le 27
septembre 1882. Conseiller municipal de Metz en 1860, y resta
après l'annexion avec le maire Félix Maréchal auquel il succéda
le 25 octobre 1871. Révoqué en 1877, il fut élu député au Reichstag
le 10 janvier de la même année et réélu en 1881 et 1882. — QUÉPAT,
Op. cit. p. 41 et 42.

(2) Ce numéro est celui de la fabrication de la cloche, sur les
registres de la fonderie.

(3) Nous devons les renseignements ci-dessus à l'obligeante érudition de M. l'abbé R. Bour.

c'est-à-dire dans la tour de la *Mutte*, à la cathédrale, au-dessus de la loge du guetteur, près de la cloche du beffroi qui sert à sonner le tocsin.

Comme son métal avait déjà été béni à Verdun, la nouvelle cloche ne fut point rebaptisée. On sait, en effet, que la religion catholique n'admet la validité que d'un seul baptême. Elle conserva aussi ses parrain et marraine verdunois, F. Hugin et Mme Gallois de Bonvillier ; mais on y ajouta le nom de sa marraine adoptive, la fille du maire de Metz en 1816, devenue plus tard Mme Charles de Lardemelle. Restée cloche municipale dite « de la Police », elle ne sonne pas les offices religieux, mais seulement le couvre-feu.

Pendant les quarante-trois longues années que dura encore l'occupation allemande, la cloche de la Police ne manqua jamais de se faire entendre chaque soir de neuf heures cinquante à dix heures.

Nous avons dit quels souvenirs et quels espoirs sa voix argentine faisait naître dans l'âme des Messins restés Français. Parfois, elle leur procurait aussi quelques moments de douce gaîté, lorsqu'ils voyaient les soudards allemands sortir précipitamment des auberges, à dix heures du soir, pour regagner leurs casernes. Les lourdes bottes éperonnées résonnaient sur les pavés de la ville : ils fuyaient, semblables à une envolée de corbeaux noirs pourchassés par les ailes des anges. Et les bons Messins se disaient entre eux : un jour viendra où *Mlle de Turmel* les chassera pour toujours.

Leur vœu est aujourd'hui exaucé ! Depuis le 11 novembre 1918, la clochette tinte joyeusement chaque soir à son heure exacte ; tous reconnaissent sa voix. Pour les bourgeois, c'est l'heure de la retraite et du repos ; car il y a peu de noctambules à Metz.

Dans les casernes, c'est l'heure de l'extinction des feux. Le jeune poilu se couche après une journée de marche ou d'exercices bien remplie. Il s'endort en pensant aux récits que les anciens de la Grande Guerre ont faits durant la veillée. Comme nos héros tombés glorieusement dans les tranchées, il est prêt à donner sa vie pour que le sol lorrain reste toujours français.

Et, parfois aussi, il rêve. Il revoit le clocher de son village, il entend le son de la cloche qui a bercé son enfance ; et ses lèvres prononcent doucement le nom de sa fiancée, pour lui aussi harmonieux que celui de Mlle de Turmel.

Metz, mars 1922.

G. Blondeau.

LA CIRCULATION

DANS LA

VALLÉE DE LA MOSELLE

A l'Epoque gallo-romaine et pendant le Haut Moyen-Age

Par H. CARREZ

Parmi les faits les plus instructifs et les mieux
mis en lumière par les géographes de notre époque, et surtout par ceux de l'école dont M. Jean
Brunhes est le plus brillant représentant, il faut
mettre au premier plan tout ce qui se rattache à
la circulation. C'est la piste, la route, la voie ferrée
qui contribuent le plus à changer la face de la
terre. C'est peut-être le facteur matériel le plus
important de la civilisation. Les recherches récentes
faites dans un des domaines les plus séduisants
de la géographie, où elle se mêle intimement à
l'histoire, le domaine de la géographie urbaine, en
d'autres termes les recherches faites pour savoir
ce qui fait l'importance et la fortune d'un site
urbain, pourquoi une ville naît et grandit, ont
montré qu'il y avait toujours, à l'origine d'une cité,
un phénomène de circulation. Une ville prend
naissance à un carrefour de routes. Paris a eu
pour berceau l'île de la Cité, où se croisaient deux
très anciennes routes : une route fluviale, la Seine,
une route de terre, la route qui conduisait du
Nord de la France vers le coude de la Loire à

Orléans, vers les pays du centre et les Espagnes, route qui traversait précisément la Seine à la hauteur de l'île de la Cité — île qui facilitait l'établissement d'un pont. Au moyen âge, les Flandres virent une magnifique floraison urbaine : Ypres, Bruges, Anvers, cités nées au milieu des boues et sous un ciel ingrat entre tous, pourquoi? Parce qu'en Flandre se croisent les routes qui vont de France en Angleterre et d'Allemagne en Angleterre, au triple contact des mondes latin, germanique et anglo-saxon. C'est la circulation qui fait naître la ville, c'est un puissant ferment de civilisation ; nous venons de vérifier cette loi à propos de Paris et des villes des Flandres ; elle se vérifie également, et d'une façon éclatante, avec l'histoire ancienne de la Lorraine. Les découvertes archéologiques si abondantes et si variées dans nos pays de la Moselle, la présence du toit méditerranéen dans ces mêmes régions, et tant d'autres vestiges encore, prouvent surabondamment que nulle région de France, à part la Provence, n'a subi plus fortement l'empreinte romaine. Pourquoi donc le pays des Leuques, des Médiomatriques et des Trévires est-il devenu le domaine privilégié de la colonisation romaine? c'est que les pays de la Moselle jalonnaient une des voies les plus fréquentées, sinon la plus fréquentée, l'axe commercial le plus important de toute la Gaule romaine, la grande artère qui de Marseille et de Lyon montait vers Trèves et Cologne, et dont l'importance exceptionnelle s'explique par deux séries de facteurs :

1º Des facteurs d'ordre purement géographique;

2º Des facteurs d'ordre historique.

Facteurs d'ordre géographique. — Cette voie est

imposée par la nature, c'est la rainure presque ininterrompue et qui court en droite ligne de Marseille à Cologne et à la mer du Nord et qui est une des plus nettement sculptées du sol gaulois, par les vallées du Rhône, de la Saône, de la Moselle et du Rhin. Il y a là un véritable sillon bordé à l'Ouest par une ligne de hauteurs continues de la Provence jusqu'à Trèves et Coblence : façade orientale du massif central, falaise des plateaux bourguignons, côte de Moselle, et à partir de Thionville quand la ligne des côtes s'éloigne de la Moselle, la rainure se prolonge vers le Nord par la vallée que la Moselle s'est creusée à travers le massif schisteux rhénan. Ce sillon si bien marqué, c'est le cœur même de la Lorraine, la partie la plus peuplée dès l'aurore des temps historiques. C'est, en effet, la partie la plus fertile de tout le pays, l'axe, le tronc autour duquel se sont agglomérés les différents pays de la Lorraine.

Il est certain que cette vallée de la Moselle, précocement peuplée, fut bien avant l'occupation romaine le théâtre d'une circulation intense. Nous savons, en effet, que lorsque les Romains arrivèrent en Gaule, ils trouvèrent des courants de circulation déjà très intenses, sur lesquels nous sommes assez mal renseignés, mais dont parlent cependant les géographes grecs. Le plus intense de ces courants était relatif au transport de l'étain, métal qu'on trouvait aux îles Cassiterides, la Cornouailles anglaise d'aujourd'hui, et qui était indispensable à la fabrication du bronze, le métal usuel de l'antiquité. Strabon, géographe grec, qui vivait au premier siècle de l'ère chrétienne, insiste longuement sur cette route ; cette route de l'étain, qui suivait

le Rhône, la Saône et atteignait la Seine par les
plateaux bourguignons, n'intéressait évidemment
pas directement la vallée de la Moselle, mais il est
bien possible qu'on ait transporté par la voie du
Rhin, de la Moselle, puis de la Seine et du Rhône
un produit dont les Romains et les Anciens en
général faisaient grand cas, je veux dire l'ambre,
résine fossile qu'on trouvait sur les bords de la
mer du Nord et de la Baltique, et certains érudits
ont proposé d'appeler le trajet Rhin, Moselle, Saône
route de l'ambre par analogie avec la route de
l'étain qui suivait la vallée de la Seine. Le premier voyageur qui ait vu le Nord-Ouest de l'Europe, Pythéas, un Grec de Marseille, contemporain
d'Alexandre le Grand, visita les gisements d'étain
des Cassiterides et poussa jusqu'à la mer Baltique,
et il nous dit, du moins les historiens qui ont
utilisé sa relation, en particulier Diodore de Sicile,
que l'ambre parvenait à la Méditerranée par le
même chemin que l'étain. Un détour de la Baltique à l'embouchure de la Seine est bien invrai-
semblable, il est logique de penser que le trajet
s'effectuait le long du Rhin, puis de la Moselle et
de là gagnait la Bourgogne pour se souder à la
route de l'étain. En tout cas, même s'il était prouvé
que la vallée de la Moselle n'était pas la route de
l'ambre, certains faits n'en sont pas moins trou-
blants et suggestifs. Les monnaies des Leuques,
c'est-à-dire du peuple gaulois, voisin des Médiomatriques et dont la capitale était Toul, sont mar-
quées au coin de la même figure que les monnaies
de Marseille, c'est-à-dire un taureau. La monnaie
des Trévires porte la tête d'Apollon qu'on trouve
sur le statère d'or de Philippe, roi de Macédoine,

père d'Alexandre le Grand ; enfin, dernière coïn-
cidence à signaler, la mythologie gauloise, les
dieux gaulois des bords de la Moselle présentent
d'étranges ressemblances avec les divinités des
bords de la Saône et du Rhône, et uniquement
avec celles-ci, par exemple le dieu Sucellus, le
dieu gaulois au maillet, divinité débonnaire protec-
trice du foyer, ne se trouve que dans la vallée du
Rhône, de la Saône et de la Moselle, à Sarrebourg
et à Vienne près de Lyon en particulier. Il en est
de même d'Epona, la déesse des chevaux et des
éleveurs, particulièrement honorée dans les mêmes
vallées.

La conclusion s'impose : déjà avant l'occupation
romaine les relations entre la vallée du Rhône, de
la Saône et de la Moselle sont intenses ; la vallée
de la Moselle est déjà une route très fréquentée.

Mais c'est avec les Romains qu'elle acquiert sa
plus grande signification et que nous arrivons aux
facteurs d'ordre historique et politique dont nous
avons parlé il y a un instant. C'est à l'époque romaine que la vallée de la Moselle devient vraiment la grande artère de l'Est des Gaules. Elle
doit sa nouvelle importance à des motifs d'ordre
militaire : la politique de Rome à l'égard de la
Germanie, politique qui constitue peut-être le chapitre le plus important de la politique extérieure
de Rome sous l'Empire.

Depuis longtemps les Romains avaient senti le
danger de la Germanie, dès le moment où les
Cimbres et les Teutons, vers la fin du iie siècle
avant l'ère chrétienne, avaient failli déjà submerger
le monde latin. De tout temps on comprit à Rome
l'importance du front germain, qui fut par deux

fois le théâtre d'actions très importantes : une première fois au début de l'Empire, quand les Empereurs voulurent soumettre les Germains, usant de
ce que les stratèges d'aujourd'hui appelleraient une
offensive-défensive, et essayèrent de porter la frontière à l'Elbe ; une deuxième fois, à la fin de
l'Empire, lorsque les Empereurs, pour être mieux
à même de repousser les invasions, vinrent se
fixer à Trèves Sous Auguste, après la destruction
des légions de Varus, l'espoir de porter la frontière à l'Elbe fut définitivement abandonné et le
Rhin, renforcé plus tard par le « limes germanicus »,
devint la grande ligne de protection et de défense
de ce côté de l'Empire, comme l'Euphrate l'était
en Orient. Ce front du Rhin, il fallait l'alimenter en
hommes, en armes et en vivres. Or, la grande
artère, la voie sacrée qui alimentait le front germain, c'était précisément notre route de la Saône
et de la Moselle.

Au lendemain même de la conquête des Gaules,
Agrippa, l'ami d'Auguste, le grand organisateur du
nouvel édifice impérial, traçait de Lyon les grandes
voies militaires qui devaient assurer en Gaule la
paix romaine et, d'après Tacite, il faisait partir de
cette ville quatre grandes voies dont les deux plus
importantes étaient celle qui dévalait vers Arles et
la Méditerranée et celle qui montait vers Châlons,
Langres, Toul, Metz. Ce qui faisait l'importance
de cet itinéraire, c'est qu'il était doublé presque
partout par une voie d'eau. L'intensité de la circulation fluviale sur la Moselle à l'époque gallo-
romaine est attestée par plusieurs trouvailles très
significatives. Une inscription, trouvée en 1522 en
construisant l'église paroissiale de Montigny-lès-

Metz, mentionnait un affranchi de la corporation des « nautæ mosallici », c'est-à-dire des bateliers de la Moselle. Il y avait donc des bateliers de la Moselle, comme il y avait sur la Seine les « nautæ Parisaci », comme il y avait des « nautæ rhodanici », des bateliers du Rhône dont le siège était Arles, et des « nautæ Ligerici », des bateliers de la Loire dont le siège était Nantes. Lors des fouilles extrêmement fécondes en résultats faites à Neumagen, le Noviomagus de l'époque gallo-romaine, en aval de Trèves, on a exhumé des reliefs tout à fait curieux représentant des bateliers chargeant de lourds tonneaux sur des chalands de Moselle. On a retrouvé un peu partout dans nos régions des objets très lourds d'une origine méridionale incontestable et dont le transport n'a guère pu se faire autrement que par eau, par exemple une grande partie de la vaisselle vinaire, amphores et vases de tout genre trouvés dans les villas médiomatriques, les colonnes et les plaques de marbre qui décoraient l'amphithéâtre et les grands monuments de Metz, et enfin le sarcophage dans lequel Louis le Pieux fut enterré à l'abbaye de Saint-Arnoul devant Metz, sarcophage que nous n'avons plus, mais qui nous est décrit par les Bénédictins et qui était orné d'un bas-relief représentant le passage de la Mer Rouge par les Israélites, bas-relief dont le Musée lapidaire de Metz possède des morceaux. Nous savons enfin, tant le trafic était intense sur la Saône et la Moselle qu'Autistius Vétus, gouverneur de la Germanie supérieure en l'année 55 après J.-C., songeait à unir la Moselle et la Saône par un canal à travers les Faucilles, projet qui échoua à cause de l'opposition du gouverneur de la Gaule belgique, résidant à Trèves. Ce renseignement précieux nous est donné par Tacite.

Dans cette vallée de la Moselle, le soldat, le fonctionnaire, le commerçant romain retrouvaient d'ailleurs les sites et les paysages familiers à leur enfance. Au lieu des marécages ou des forêts épaisses qui occupaient encore la plus grande partie du sol gaulois, au lieu des plaines monotones du Nord de la France, ou de l'Ouest, ils retrouvaient un paysage, aux lignes franchement découpées comme les paysages méditerranéens, une rivière aux flots clairs et brillants dont la splendeur fut chantée par le poète bordelais Ausone, des coteaux ensoleillés, qui avaient appelé la vigne dès le début de la conquête. Il y avait là une véritable oasis méditerranéenne entre les sombres forêts des Vosges, de la Meuse et des Ardennes.

On serait tenté de croire que l'effondrement de la domination romaine après les grandes invasions eut pour résultat d'arrêter la circulation mosello-rhodanienne. Il n'en fut rien, elle se maintint fort active pendant tout le haut moyen âge jusqu'à la ruine de l'Empire carolingien. Cette persistance s'explique facilement: en réalité, la route qui courait de Marseille à Trèves et à Cologne n'était pas seulement une route militaire, la voie sacrée des légions, c'était aussi une grande route de commerce dont l'importance était mondiale, et quand l'Empire romain s'écroula, le courant commercial était si bien établi qu'il survécut aux bouleversements politiques. Et ce n'était pas seulement Rome qui pénétrait dans les Gaules par le Rhône, la Saône et la Moselle, mais encore la Grèce et l'Orient. Observons que cette route aboutissait à Marseille ; or, Marseille, ville grecque, fondée par des immigrants originaires de Phocée en Asie-Mineure, était déjà 600 ans avant J.-C. ce qu'elle est encore aujourd'hui, la grande porte de l'Orient. C'était un puissant foyer d'hellénisme et, avant que Rome ne s'emparât de la Gaule, la civilisation grecque s'infiltrait dans les Gaules par Marseille, et on a pu soutenir, non sans raison, que même si la Gaule n'avait pas été conquise par Rome, elle aurait été fatalement gagnée par la civilisation méditerranéenne, pénétrant par Marseille et la vallée du Rhône.

Après la conquête romaine, le courant grec se mêla au courant latin sur la route du Rhône, de la Saône et de la Moselle. On a signalé depuis longtemps la ressemblance frappante entre le mausolée des Jules à Saint-Remy de Provence et le monument d'Igel près de Trèves. Et il y a non seulement parenté entre le mausolée des Jules et le monument d'Auguste, mais encore entre ces deux monuments, d'une part, et les tombeaux sculptés de l'école de Pergame en Asie-Mineure qui florissait au n^e siècle avant J.-C. La fameuse statue de femme trouvée en 1841 en construisant la caserne du Génie révèle indubitablement l'influence grecque par la souplesse de l'attitude et le frémissement de la vie. Elle ressemble étonnamment, a-t-on fait remarquer, à une statue que possède le Musée d'Oxford et qui fait partie d'un groupe rapporté de Sardes et de Magnésie par un amateur anglais. La statue de Metz trahirait donc la facture et la tradition de l'école et de l'art de Pergame qu'on appelle encore l'art hellénistique. Comment expliquer enfin la trouvaille

de la magnifique amphore d'albâtre égyptien mise
au jour près de l'ancienne lunette d'Arçon, la présence de nombreuses statuettes d'Isis à Metz et
aux environs, sinon par d'incessants rapports
avec l'Orient. Est-ce par hasard aussi que l'on a
trouvé à Vienne, près de Lyon, et à Sarrebourg,
c'est-à-dire sur notre grande artère, deux sanc-
tuaires de Mithra, dieu dont l'origine se perd dans
la mythologie persane. Et puisque nous sommes
dans le domaine de la religion, rappelons-nous que
sur l'origine du christianisme à Metz il existe une
double tradition, une tradition latine et une tradition grecque. D'après la première, le christianisme
a été introduit à Metz par saint Clément, envoyé
direct de saint Pierre de Rome; d'après la seconde,
l'Église de Metz a été fondée par saint Patiens,
envoyé d'Asie-Mineure par l'évangéliste saint Jean.
Rien ne symbolise mieux le double courant latin
et grec dans la circulation mosello-rhodanienne
que ces deux traditions relatives aux origines de
l'Église de Metz.

Après les grandes invasions, le courant grec et
oriental, non seulement ne s'interrompt pas, mais
semble encore s'accentuer. Il y a une véritable
invasion d'Orientaux en Gaule. Les auteurs du
temps les désignent sous le nom générique de
Syriens ; mais de même que les Orientaux appe-
laient tous les Occidentaux des Francs, quand bien
même ceux-ci n'étaient pas tous des Français, de
même en Gaule on appelait Syriens tous les Orientaux, qu'ils fussent Grecs, Asiatiques ou Egyptiens.
Ce sont ces Syriens qui constituent dans nos régions l'élément le plus important des premières
communautés chrétiennes.

A Metz abondent les pierres tombales avec des noms grecs, Pamphilus, Philtate, Euphorius. Toute une série d'évêques de Metz portent des noms grecs : Sambatius, Adelphus, Phronimus, Hesperius. Dans le service divin il y a des indices significatifs. On trouve, dans un manuscrit de Saint-Arnould du X⁰ siècle, quatre espèces de Laudes dont la quatrième est en grec. Ces Laudes ont été composées vers 880. A cette époque donc le grec était encore employé à Metz dans le service divin.

A Trèves, outre une très longue liste de porteurs de noms orientaux, on trouve au IV⁰ siècle un certain Æmilius Epictetus, grammaticus græcus, c'est-à-dire un maître d'école grec ; à Trèves, l'étude de la langue grecque était donc une nécessité à cause de l'importance de la colonie grecque. A Toul, au X⁰ siècle encore, d'après la Vie de l'évêque Gérard de Toul, il y avait des moines qui parlaient grec. Enfin, dernier détail suggestif, Théganz, chorévêque de Trèves, nous dit que Charlemagne, la veille même de sa mort, corrigeait encore le texte des Evangiles avec l'aide de Syriens et de Grecs.

Ces Orientaux étaient surtout des commerçants qui importaient le vin, l'huile, la soie, les épices. Le poète Fortunat, qui vivait au VI⁰ siècle à la cour du roi Chilpéric à Metz, mentionne une maison où l'on vendait du vin de Gaza, de Samos, de Chypre. D'après Grégoire de Tours, des cargaisons entières d'huile de Syrie arrivaient à Marseille ; enfin, s'il en faut croire Luitprand, au X⁰ siècle les Verdunois s'enrichissaient en faisant le commerce des eunuques, ce qui est quelque chose d'éminemment oriental. D'autre part, comme tout

bon Oriental qui se respecte, comme font aujour-
d'hui les Juifs, les Arméniens et les Grecs, les
Syriens du haut moyen âge faisaient le commerce
de l'argent. Ils étaient les précurseurs des Lombards
et des Templiers du moyen âge proprement dit.

Si je ne craignais d'abuser trop longtemps de
votre bienveillante attention en abordant le domaine de l'histoire de l'art, nous verrions combien
est profonde la parenté entre la miniature carolingienne et les manuscrits des couvents arméniens, et
comment l'Orient byzantin inspire l'art de l'époque
carolingienne en général, mais j'ai hâte de conclure.

A l'époque gallo-romaine et pendant tout le haut
moyen âge, par le Rhône, la Saône et la Moselle
le flot puissant de la civilisation méditerranéenne
pénètre jusqu'au cœur de la Lorraine et des pays
rhénans. Cette magnifique voie d'eau dont Strabon
pressentait le grand rôle civilisateur, les Romains
ont voulu la rendre absolument continue en unissant la Saône et la Moselle à travers le seuil des
Faucilles. Ce projet, que les circonstances ne leur
ont pas permis de réaliser, est aujourd'hui une
réalité depuis déjà assez longtemps, puisque le canal
de l'Est unit la Saône et la Moselle. Mais cette
route fluviale se termine par une impasse, puisque
la navigation fluviale jusqu'à nos jours ne dépasse
pas Metz vers le Nord. Ce contre-sens, ce véritable défi porté à la raison géographique, va prendre
fin, puisque la Moselle sera enfin canalisée au
Nord de Metz. N'est-il pas émouvant de constater
qu'à près de vingt siècles d'intervalle, la France
reprend le projet d'Autistius Vetus, renoue la tradition des grands civilisateurs latins. Dans l'élo-
quent discours qu'il prononçait lors des fêtes de

Bossuet à Metz, M. Maurice Barrès se félicitait d'être venu à Metz pour restaurer dans nos marches de l'Est la spiritualité française, c'est-à-dire latine. C'est là la tâche de nos écrivains, de nos universitaires, de nos sociétés savantes. A nos ingénieurs qui canaliseront demain la Moselle revient l'honneur de continuer dans nos régions le travail latin. Félicitons-nous donc, nous aussi, de voir l'effort français conjuguer dans nos régions l'esprit latin et le travail latin et souhaitons de voir bientôt, le long de cette magnifique voie d'eau ainsi reconstituée et rajeunie, s'en aller vers la Méditerranée et les pays d'Orient les fers et les aciers de la Moselle, produits du travail lorrain, comme autrefois montaient dans nos régions en sens inverse les produits de la métallurgie et de la céramique méditerranéenne.

POÉSIES

Par le Lieutenant-Colonel **GAMBUZAT**

TANTE ROSE

Tante Rose, c'était pour qui la vénérait
(Et le nombre était grand) comme un vivant portrait
De la bonté que couvre un voile de mystère,
Tel un ange de Dieu volant à fleur de terre.

Son pas vif et discret, de jour comme de nuit,
La conduisait d'instinct, souriante et sans bruit,
A l'endroit douloureux comme à l'heure opportune
Où vers la charité soupire l'infortune.

Son corps était menu, mais rien ne l'ébranlait,
Ni peine, ni dégoût, ni fatigue ; il semblait
Qu'il ne fût qu'un prétexte à lier à la vie
Une âme dont le Ciel devait avoir envie.

Dès qu'elle paraissait, on voyait sur le seuil
Les enfants et les chiens lui faire bon accueil.
Pour qu'elle fût si bonne, il fallait que l'orage
Eût grondé, blanchissant ses cheveux avant l'âge.

Trente ans plus tôt, au plein de sa pure beauté,
Elle aimait un jeune homme, à qui sa loyauté
Pour la vie engagea sa parole jurée ;
La veille de s'unir, elle en fut séparée.

L'homme avait un passé dont soudain il rougit ;
L'honneur parla, l'amour se tut, l'homme s'enfuit.
Ce jour-là, sa grande âme ayant su tout comprendre,
Rose fit un serment que Dieu seul put entendre.

En elle tout d'un coup la femme s'éleva,
La femme, être béni tel que Dieu le rêva,
Lui donnant la beauté, la douceur et la grâce,
Pour que vers la douleur il pût tenir Sa place.

Parents, vieillards, enfants, tous connurent ses soins.
Paris la vit sonder ses plus sombres recoins ;
Elle semblait chercher, dans une sainte ivresse,
L'être le plus à plaindre et la pire détresse.

« Trouvez », — lui disait-on, — « asile en un couvent ».
Tante Rose à ces mots opposait doucement
Sa liberté si chère, et le plaisir unique
Qu'elle voulût garder ici-bas, la musique.

C'était parfois le soir, au logis écarté
Que seule elle habitait, un essor enchanté
D'ineffable harmonie où pleurait la souffrance,
Où frissonnait l'amour, où vibrait l'espérance.

Dans le quartier souvent plus d'un œil se mouillait
A ces profonds accents que l'âme recueillait.
Puis l'harmonie un jour brusquement s'était tue,
Et dès lors nul passant n'écouta dans la rue.

Tante Rose prenait, du même pas charmant,
Sur sa route du ciel un suprême tournant.
Ce fut un hôpital où la blanche cornette
Sous ses plis désormais abrita sœur Colette.

Son être respirait paix et sérénité,
Comme s'il eût conquis un bonheur convoité ;
Un cadre étroit bornait ses élans charitables,
La salle où végétaient les vieillards incurables.

Mais son zèle étreignait l'un d'eux, à tous instants,
De soins plus maternels. L'homme avait soixante ans ;
C'était une ruine, où la pauvre âme humaine
Conservait à grand'peine un reste de domaine.

Trouvé par tante Rose en un abject taudis,
Dans l'hospice, à ses frais, un soir il fut admis.
Six semaines après, par un hasard étrange,
On y vit sœur Colette et son sourire d'ange.

L'aspect de l'incurable était hideux, troublant ;
Mais dans la salle aucun n'avait un lit plus blanc.
« Rien à faire », disait le docteur ; sœur Colette,
Fermant ses beaux yeux noirs, courbait sa fine tête.

Dans la lampe sans huile on voyait vaciller
Une flamme mourante. Il ne pouvait parler ;
L'ange en cornette seul avait don de comprendre
Quelques regards éteints que l'œil pouvait surprendre.

Au quatrième mois, le docteur, un matin,
Contemplant ce débris, murmura : « C'est la fin. »
Au chevet du partant, durant la nuit suivante,
La veilleuse éclairait sœur Colette tremblante.

Dans la salle c'était le calme et le repos ;
Aucun bruit ne venait franchir les volets clos ;
Tout semblait reculer, pour laisser plus d'espace
Autour de cette couche où la mort prenait place.

L'homme ouvrit grands les yeux, poussant un faible cri ;
Sœur Colette, à genoux, répondit : « Mon Henri ! »
Puis entre leurs regards un dialogue intense
S'établit sans qu'un mot troublât le grand silence.

« Pardon ! A Dieu ! » fit l'homme. Une ardente lueur,
Flamme de foi, d'amour, jaillit d'un noble cœur,
Et, traversant des pleurs la céleste rosée,
Résuma du serment la sublime pensée.

FRANCE GUERRIÈRE

France, toi si petite et pourtant si féconde,
Depuis plus de mille ans est-il de par le monde
Pays si reculé qui ne parle de toi?
Quel cortège d'amis fidèles à leur foi !
La haine d'ennemis acharnés à ta perte
Te laissa maintes fois de ruines couverte,
Mais jamais à ta mort nul ne put applaudir.
D'âge en âge l'on vit tes moissons reverdir,
Et, gardant le trésor des vigueurs féodales,
Se dresser vers le ciel tes hautes cathédrales.
Dans les cinq continents est-il un voyageur
Qui de voir et d'entendre ait goûté la douceur,
Si quelque heureux détour de sa course lointaine
Ne l'a conduit un jour aux rives de la Seine?

D'où te vient cet attrait, ce charme de beauté
Qui, sous aucun climat, ne put être imité?
Du reflet de ton âme, ô ma France si fière,
Et cette âme avant tout est une âme guerrière !

Toujours de par le monde il s'est trouvé des sots
Pour prétendre guider les gens avec des mots.
Leur jargon séculaire en chants ne varie guère ;
Au refrain c'est toujours l'image de la guerre,
Complaisamment dressée en un spectre d'horreur,
Qu'un complice brandit dont le nom est la Peur.

Ce n'est point un discours qui changera la vie.
La parole est un son, qui souvent amplifie
Le mensonge du jour ; mais la réalité,
Comme un écho lointain, redit la vérité.

La vie est un champ clos, et vivre c'est combattre ;
La mort seule est repos.
                    A quoi bon se débattre,
Quand un fait est brutal et qu'on doit s'incliner?

Pourquoi, pauvre avorton, derechef t'obstiner
A labourer ce champ d'éternelle bêtise
Que tant d'autres déjà fouillèrent à leur guise ?
La force vient du cœur ; si le cœur est étroit,
A l'esclavage seul il peut ouvrir un droit.

Tant qu'on n'aura pas su de l'homme faire un ange,
Il ne faudra songer à trouver bien étrange
Que souvent l'on n'emploie, en cas de désaccord,
De meilleur argument que celui du plus fort.

Pour qui cherche sa voie autre part qu'en des rêves,
Cette lutte fatale essaime quelques trèves
Dont, à travers l'histoire, on mesure l'ampleur
Au succès du combat non moins qu'à sa chaleur.

D'une guerre loyale autant que décisive
Le vainqueur sort trempé. Sa valeur combative
Se transforme sans peine en prompte activité,
Et la paix pour un temps fleurit dans sa beauté ;
Car seuls des éperons gagnés à la bataille
Aux chefs des nations donnent toute leur taille.

Mais, lorsqu'un vil amour de son or, de sa peau
Arrive à surpasser le culte du drapeau,
C'est, au lieu des combats où grandissent les braves,
La lutte sans merci dans des conflits d'esclaves.
A ce jeu le bavard, le lâche, le hâbleur
L'emportent aisément sur les hommes de cœur.

Quoi qu'on invente ou rêve, aux marges de l'histoire
Reste inscrite à jamais une leçon notoire
Qu'enseigne le passé pour guider l'avenir.

Entre deux maux voisins tout peuple doit choisir.

Ou la guerre au grand jour, qu'envisagent sans crainte
Tous les fils de la race, unissant leur étreinte
En un concours loyal, face au même danger,
Effort puissant, brutal, sanglant, mais passager.

Ou la paix à tout prix, engendrant sans relâche
La guerre à bout portant, chacun prenant à tâche
De vaincre pour lui seul, sans jamais réfléchir
Qu'il dessert la Patrie à vite s'enrichir.

La guerre coûte cher, car c'est la vie humaine
Qu'elle exige en paiement.
     Une loi souveraine
A prescrit, sans que rien puisse la récuser,
Qu'un objet et son prix doivent se compenser
Dans les plateaux égaux d'une même balance.

Quand sur l'un vient s'abattre un tel poids de souffrance,
De pleurs, de sang, de deuils, que placer en regard
Qui soit assez pesant?
     Homme, ton œil hagard
Ne peut se détacher du spectacle des larmes,
Et l'écho, réveillé par le fracas des armes,
T'étourdit des sanglots qu'il répète en tout lieu.

C'est ton œuvre.
    Regarde, et vois celle de Dieu!

Ainsi qu'au chêne il faut une rugueuse écorce,
La guerre fait la paix, et l'union la force.
Seul est libre celui qui fonde l'avenir,
Sachant à qui, comment, quand il doit obéir.
Qui vit la mort de près sait ce que vaut la vie,
Et qui s'est bien battu peut mépriser l'envie.
Combien plus on chérit, au retour de la paix,
Ceux que l'on redouta de ne revoir jamais!
Pour la famille un deuil causé par la mitraille
Est un lien sacré. Mais l'abjecte bataille
Désunit les meilleurs, quand de bas intérêts
Ameutent les plaideurs en de sales procès.

France, ton noble attrait pour tous reste invincible,
Tellement qu'à chacun il demeure impossible
De se tourner vers toi sans haine ou sans amour;

Car vit-on, depuis Rome, un peuple tour à tour
Retremper plus souvent sa force dans · la guerre,
Et son fécond génie éclairer mieux la terre?

Oui, ton âme est guerrière, et tous tes ennemis,
Mieux que plusieurs des tiens, hélas ! l'ont bien compris,
Vingt fois ils ont jadis entrepris ta conquête,
Et chacun dut s'enfuir en un jour de défaite.
Désormais, connaissant quel glaive il peut brandir,
C'est ton bras valeureux qu'ils rêvent d'engourdir.

Gardez-vous, étrangers, de semer la tempête !
Aux jours d'orage en France on porté haut la tête !

Qui voudrait nous dompter aurait-il oublié
Sous l'oriflamme ardent quel serment a lié
Nobles et paysans au grand jour de Bouvines ?
Au siège d'Orléans quelles lueurs divines
Eblouirent l'Anglais, affolé de terreur,
Quand Jeanne d'Arc brandit son étendard vainqueur ?
Relisez Malplaquet, ce combat héroïque,
Tel qu'on n'en voit qu'en France, où, d'un geste tragique,
Le soldat, pour se battre, au vent jetait son pain,
Semence d'où germa la gloire de Denain !
Aux pamphlets de Brunswick écoutez la réplique
Qu'à Jemmapes, Valmy donnait la République
Par l'indomptable élan de joyeux bataillons
En épiques sabots, en glorieux haillons !
Quand les pires malheurs semblaient dans la poussière
Nous coucher à jamais, quelle fureur guerrière
Sauvait, pour l'avenir, l'honneur des devanciers
A Vauchamp, Montmirail, Champaubert et Coulmiers !

Des héros du passé ! Nous pouvons à poignées
En lancer par le monde ! Et nos voix indignées
Vous crieront au hasard : « Charlemagne ! Roland !
« Dunois ! Kléber ! Jean Bart ! Bonaparte ! Vauban !
« Bayard ! Condé ! Villars ! Courbet ! Jeanne Hachette ! »
Et la liste jamais ne peut être complète !

Si vous jugez les fils moindres que les aïeux,
Parcourez, chapeau bas, les sites glorieux
De Verdun, de la Marne, et dites à quel âge
Un autre peuple eût pu se grandir davantage !

Tout nuage, un éclair suffit à le percer.
Il n'est encre si noire à prétendre effacer
Ce qu'écrivit le sang au livre des victoires.
Il faudrait de vos mains déchirer vos histoires,
Aux plus vieilles cités donner des noms nouveaux ;
Combien en reste-t-il qui n'aient vu nos drapeaux

Certes le coq gaulois aime à chanter l'aurore
Glissant un gai rayon pour caresser encore
Le cher pays natal, dont l'aimable beauté
Offre à la douce paix un séjour enchanté.

Mais si le vent d'orage a franchi la frontière,
Son cri de guerre éclate, et la note est si fière
Qu'il n'est aigle ici-bas qui ne doive trembler
Dès qu'au ciel des combats on le voit s'envoler !

LA THÉORIE D'EINSTEIN

Par l'ingénieur général **BOURGOIN**

Un bouleversement aussi prodigieux des bases de notre connaissance que celui résultant des conceptions d'Einstein ne pouvait manquer de rencontrer des contradicteurs passionnés.

La plupart d'entre eux, sinon la totalité, ont fait ressortir la fragilité des déductions de ce savant, celles-ci étant, à leurs dires, uniquement basées sur les résultats d'une expérience négative, celle de Michelson. D'aucuns de ceux-ci ont encore objecté que, dans cette expérience, il n'y avait ni mesure de longueur ni surtout mesure de temps. Et alors ils se demandent comment, d'une expérience qui n'emprunte ni mètre ni horloge, on peut être amené à tirer des conclusions sur la variation du premier et la marche des secondes.

A cette objection, Einstein a répondu en montrant qu'un appareil formé par une tige rigide portant, à ses deux extrémités, deux miroirs qui lui sont perpendiculaires, constituait, en fait, une véritable horloge-étalon pouvant servir à mesurer le temps. Il suffit pour cela de comparer la donnée à mesurer au temps mis par un rayon lumineux pour parcourir l'intervalle des deux miroirs.

Prenons une telle horloge et déplaçons-la d'un mouvement rectiligne et uniforme suivant une direction perpendiculaire à la tige.

Par suite de cette translation, le rayon lumineux se réfléchit successivement sur les deux miroirs en parcourant une ligne brisée. Comme la distance entre les miroirs ne change pas, puisqu'elle est constituée par une droite perpendiculaire à la translation, l'horloge paraîtra marcher plus lentement, puisque la lumière doit parcourir entre les deux miroirs une distance AC supérieure à AB.

Supposons maintenant qu'une horloge vulgaire soit entraînée en même temps que le système des deux miroirs. Sa marche devra également paraître ralentie à un observateur en repos par rapport au système précédent. A supposer qu'il n'en soit pas ainsi, des observateurs entraînés avec les deux miroirs pourraient constater une différence entre les mesures du temps faites au moyen de l'horloge et celles effectuées avec les deux miroirs.

Ils seraient donc amenés à en conclure qu'ils sont animés d'un mouvement de translation uniforme dont la vitesse, fonction de cette différence, pourrait être déterminée à l'intérieur du système en mouvement dont ils font eux-mêmes partie.

Cette déduction, étant contraire au principe de relativité, doit être rejetée. L'horloge vulgaire est donc synchrone avec le système des deux miroirs.

On conclut de là que, non seulement les horloges, mais encore tous les phénomènes naturels où le temps intervient sont également modifiés par le mouvement de translation rectiligne et uniforme du système où ils se produisent.

L'extension du principe de relativité aux phénomènes biologiques se trouve de ce chef parfaitement justifiée.

Considérons par exemple des observateurs placés à l'intérieur d'un local rigoureusement clos, dans lequel se trouvent des êtres vivants. Si les mouvements internes de ceux-ci n'étaient pas altérés de la même manière que les horloges mécaniques des observateurs, ces derniers auraient de toute évidence un moyen de discerner si leur local est en mouvement. Il leur suffirait pour cela de comparer la marche de leurs horloges avec la vitesse d'évolution des êtres vivants placés dans ce même local. Si cette dernière n'était pas modifiée par le mouvement du local de la même façon que celle de leurs horloges, ils pourraient affirmer qu'ils se meuvent par rapport à un certain système. Celui-ci pourrait être considéré comme fixe, puisque tous les autres systèmes en mouvement devraient se rapporter à lui pour expliquer la raison du désaccord entre les lois physiques et les lois biologiques.

Si donc le principe de relativité exprime une vérité générale, on est en droit de dire, avec M. Langevin, que la vie d'êtres organisés dans un système animé d'un mouvement de translation rectiligne et uniforme doit, pour un observateur extérieur au système, paraître ralentie de la même manière que la marche des horloges.

L'évolution radicale des notions que nous possédions sur l'Espace et le Temps a pour conséquence un bouleversement corrélatif de la mécanique rationnelle. La vitesse est en effet le quotient d'un espace par un temps, et la force appliquée à un corps n'est autre que le produit de la masse de ce dernier par l'accélération qui lui est imprimée. Or, toutes ces grandeurs sont modifiées par les travaux d'Einstein. Une nouvelle mécanique est donc née. Qu'on ne s'attende pas cependant à la destruction de celle de Newton et de Lagrange. Cette dernière reste encore en effet valable pour des vitesses de l'ordre de plusieurs milliers de kilomètres par seconde, c'est-à-dire infiniment supérieure à toutes celles réalisables pratiquement. En fait, les phénomènes de la vie courante ne relèvent pas de la mécanique d'Einstein.

A cet égard, on peut dire que celle-ci n'intervient pas plus pour modifier nos conceptions habituelles, que la découverte de la courbure de la terre n'est intervenue pour changer le mode de construction de nos habitations, réalisé au temps où la terre était supposée plate.

L'importance scientifique de la mécanique de la relativité n'en est pas moins extrèmement important te dès maintenant, du seul point de vue de la théorie pure.

Une première conséquence de la nouvelle mécanique est en effet la suivante : Toute masse est égale à une énergie divisée par le carré de la vitesse de la lumière. Il résulte de ce fait capital que la masse d'un corps n'est plus invariable, mais dépend au contraire de son énergie, que celle-ci soit interne ou cinétique. Cette dernière étant, d'ailleurs relative à la vitesse de la portion de matière envisagée par rapport à un observateur, il s'ensuit que la masse d'un corps a elle-même une valeur variable par rapport à l'observateur.

On en conclut de même qu'un corps chaud a une masse plus grande que lorsqu'il est froid. Bien entendu, les variations pondérales corrélatives de cette variation d'échauffement sont inappréciables à la balance la plus sensible. Les phénomènes astronomiques et ceux dont l'atome est le siège ont cependant permis de mettre ce fait en évidence.

Puisque toute énergie a une masse, elle est pesante. Un rayon lumineux passant à proximité d'un corps immense, tel que le soleil, doit par conséquent être attiré par lui. Considérons l'étoile E, et le soleil S, un rayon ER émis par la première et tangentant le soleil sera dévié comme le montre la figure. Un observateur terrestre verra donc l'étoile suivant la direction T'E.

Au cours d'une éclipse de soleil, il sera possible de photographier la voûte céleste et de repérer la position E' de l'astre E par rapport à d'autres astres E_I très éloignés angulairement du soleil.

Lorsque, par suite de son mouvement sur l'écliptique, le soleil se sera éloigné de la région du ciel où il se trouvait au moment de l'éclipse, on pourra photographier de nouveau la région du ciel où se trouvent les astres E et E_I. Si le raisonnement d'Einstein est exact, la distance EE_I, mesurée sur le cliché, devra être plus petite que celle E E_I mesurée au moment de l'éclipse.

On sait d'ailleurs calculer cette différence, et au cours de la dernière éclipse totale de soleil, les observateurs envoyés pour cette vérification de la théorie d'Einstein ont pris des photographies de l'examen desquelles est résultée la confirmation éclatante des prévisions du grand géomètre.

Si maintenant nous passons de l'infiniment grand astronomique à l'infiniment petit que constitue l'atome, nous trouvons dans les phénomènes dont ce

8

dernier est le siège une nouvelle consécration des vues d'Einstein.

On sait que, d'après les théories les plus récentes de la physique moderne, l'atome est un système solaire en miniature, dont l'astre central ou nucléon est constitué par une agglomération de charges positives, tandis que les planètes ou électrons qui circulent autour de lui sont des charges d'électricité négatives.

Cette circulation s'effectue à des vitesses voisines de celles de la lumière sur les orbites elliptiques dont le nucléon occupe l'un des foyers. La mécanique de l'atome est donc semblable à celle des astres avec néanmoins quelques différences, dont la plus notable est que, soumis à des influences extérieures, l'électron peut changer d'orbite en produisant ou en absorbant un rayonnement d'énergie, suivant que le diamètre de l'orbite augmente ou diminue. Cette radiation est mise en évidence par le spectre du corps matériel dont fait partie l'atome.

Par l'application des lois de la mécanique ordinaire, on était parvenu à calculer la position des raies du spectre de quelques corps simples. Toutefois, l'expérience accusait certaines différences entre les résultats du calcul et les mesures effectuées directement sur le spectre. Tenant compte du fait que la vitesse énorme des électrons rendait la mécanique de l'atome justiciable de celle de la relativité, on a eu l'idée d'appliquer cette dernière. Le résultat de cette tentative a été surprenant. L'architecture si compliquée que révèlent les photographies du spectre s'est trouvée en complète conformité avec les résultats du calcul.

Si étranges que puissent paraître les nouvelles conceptions et si pénible que puisse être le travail d'adaptation de notre intelligence aux théories d'Einstein, l'expérience, seul souverain maître en la matière, paraît cependant se prononcer en sa faveur d'une manière décisive.

Sans doute ces théories ne constituent-elles pas une découverte physique au sens qu'on attache d'ordinaire à cette expression. Elles réalisent plutôt une nouvelle manière de voir l'Univers, en même temps qu'elles apportent une puissance de simplification extraordinaire dans l'énoncé des postulats fondamentaux sur lesquels est basée la science. Comme on devait s'y attendre, elle laisse subsister encore des mystères, dont le plus troublant est cette constance de la vitesse de lumière mesurée sur une plate-forme en mouvement, quelle que puisse être la loi du déplacement de cette dernière.

FERNAND COURTY

(1862-1921)

Par **E. DOUBLET**.

Fernand Courty, né le 11 juin 1862 à Bordeaux, dans une modeste mais honorable famille, reçut l'instruction primaire supérieure à l'école de la rue Pélegrin, aujourd'hui rue du Commandant-Arnould. A sa sortie de l'école, il fut placé dans diverses maisons de commerce, et il faisait partie du personnel de la banque Piganeau, quand sa carrière se transforma complètement.

C'était l'époque où l'on se préoccupait de créer divers établissements scientifiques dont le besoin se faisait sentir, notamment plusieurs observatoires. Un de ces derniers instituts devait être placé aux environs immédiats de Bordeaux.

M. Rayet, professeur d'astronomie à la Faculté des sciences, avait été désigné pour être le directeur du futur observatoire ; à ce titre, il devait, en premier lieu, se préoccuper du recrutement de son personnel. En conséquence, il s'adressa à M. Largeteau, directeur de l'école primaire supérieure de Bordeaux, et le pria de lui faire connaître un de ses anciens élèves qu'il jugerait capable de s'initier aux travaux astronomiques. Sur la recommandation de son ancien maître, Fernand Courty, de commis de banque, devint astronome. Le 1er janvier 1880, il fit les premières observations météorologiques, et, depuis ce jour jusqu'à sa mort, il a fait partie du personnel de l'observatoire et pris une part active à tous ses travaux.

Il fit notamment de nombreuses observations méridiennes. Plus tard, quand l'observatoire de Bordeaux fut doté d'un équatorial photographique, c'est à lui que fut confié ce bel instrument. Grâce à son assiduité au travail, à son adresse naturelle, il devint bientôt un photographe des plus habiles, et fit un usage excellent du magnifique appareil dont il disposait.

Non seulement il photographia avec succès les phénomènes accidentels que nous eûmes l'occasion d'observer dans les trente dernières années, éclipses de soleil et de lune, comètes, etc., mais il découvrit deux petites planètes auxquelles on a donné les noms de Burdigala et d'Aquitania ; enfin, et surtout il travailla à la grande œuvre de la carte photographique du ciel. Il a fait 270 clichés à longue pose, devant fournir chacun une feuille de la carte céleste, et 1598 autres clichés à courte pose, servant à l'établissement du catalogue qui accompagne la carte.

Ajoutons que les photographies prises à Bordeaux comptent parmi les meilleures, et que, notamment, elles ont servi à la détermination de la parallaxe de la singulière petite planète Eros, et, par suite, de celle du soleil. Ce sont les observations faites à Paris, à Bordeaux, à Cambridge (Angleterre) et à Northfields (Etats-Unis) qui ont servi de base au travail d'un astronome anglais du plus haut mérite, M. Hinks, qui a consacré neuf ans de sa vie à la détermination de la parallaxe solaire, élément essentiel en astronomie.

Aussi lorsque, en 1905 (le 30 août), une remarquable éclipse de soleil fut visible en Espagne et dans l'Afrique du Nord, M. Rayet, directeur de l'observatoire, voulut, malgré le mauvais état de sa santé (il devait mourir l'année suivante), observer cette éclipse, comme, trente-sept ans plus tôt, il en avait observé une autre à Siam, observation qui lui avait permis, entre autres résultats importants, de constater la présence de l'hydrogène dans les protubérances solaires. Il se rendit donc à Burgos et il n'eut aucune hésitation sur le choix de son compagnon de voyage. C'est Courty qu'il emmena pour lui servir d'assistant.

Malheureusement, l'état de l'atmosphère ne favorisa guère les observateurs bordelais. Le jour de l'éclipse, à Burgos, le ciel fut presque constamment couvert de nuages ; toutefois, grâce à une éclaircie qui dura environ une minute, Courty réussit à obtenir deux images successives de la couronne solaire. Ces photographies, reproduites par M. Dujardin, peuvent se voir dans le tome VIII des *Annales* du Bureau des Longitudes.

D'un autre côté, Courty prenait une grande part aux travaux de la Commission météorologique de la Gironde, et on peut vraiment dire, sans froisser personne, qu'il était la cheville ouvrière de cette Commission. Grâce à lui, avec des ressources restreintes, celle-ci a obtenu des résultats importants, et, de toutes les Commissions analogues, était une de celles dont on faisait le plus grand cas au Bureau Central Météorologique. C'est lui qui centralisait toute la correspondance, qui vérifiait scrupuleusement les nombres et les calculs transmis par les observateurs. Au besoin, il se déplaçait pour leur donner des instructions verbales. Enfin, n'oublions pas de mentionner que les brochures publiées chaque année par la Commission étaient en grande partie son œuvre, de même que les rapports annuels sur les appareils préservateurs de la grêle, dont il a été si souvent question dans ces dernières années. Ces travaux, si utiles pour les cultivateurs, étaient appréciés par les hommes compétents. L'Académie d'Agriculture accorda à Courty une des récompenses dont elle dispose, et il fut nommé chevalier du Mérite agricole. Depuis 1906, il était officier de l'Instruction publique.

Ajoutons, pour terminer le tableau de son activité, qu'il faisait une grande partie de la correspondance administrative de l'Observatoire.

Il avait été durement éprouvé par la mort de sa fille, décédée en 1917 après une très longue et douloureuse maladie. Surmontant sa douleur, il reprit néanmoins ses multiples occupations, mais il était frappé au cœur. Au printemps de cette année, il fut atteint d'une congestion pulmonaire, et, depuis, il ne fit plus que languir. Il est mort le 12 octobre dernier, à une heure du matin. Modeste jusqu'au bout, il n'a pas permis qu'aucun discours fût prononcé sur sa tombe, mais ceux qui l'ont connu conserveront longtemps son souvenir.

Nous tenons à ajouter qu'il avait été grandement heureux quand l'Académie de Metz l'avait inscrit au nombre de ses correspondants. Le jour où, grâce à la victoire de la France, il put recevoir son diplôme, fut également un jour de fête pour lui.

NOTICE

SUR LES

OFFICIERS GÉNÉRAUX
DE LA FAMILLE DE FAULTRIER
PAR LE **Général DENNERY.**

Depuis que le soleil de la délivrance a lui sur Metz, en novembre 1918, et que la vie de cette vaillante cité a repris son cours de jadis, au souffle de la liberté reconquise, une grande et pieuse tâche s'impose à tous ceux qui ont vécu dans l'ancien Metz d'avant 1870. Si leurs cheveux ont, en effet, blanchi sous le harnais de toutes les angoisses d'un demi-siècle d'attente, ils doivent, d'autre part, employer toutes leurs vieilles tendresses pour leur ville natale à faire revivre tout son passé glorieux, afin de le donner en exemple aux jeunes générations qui pourront y respirer le patriotisme et la vaillance à pleins poumons.

Combien sont nombreux les officiers de tous grades que le pays messin a fournis à l'armée française à travers les âges! Parmi ces innombrables officiers qui ont versé leur sang sur tous les champs de bataille du monde, la ville de Metz à elle seule, avec ses environs immédiats, a fourni un nombre considérable d'officiers généraux ; trente-cinq d'entre eux ont leurs noms gravés sur l'Arc de Triomphe de l'Etoile, où beaucoup, du reste, ont été oubliés sous de futiles prétextes d'esthétique architecturale.

Ce qu'il y a encore de remarquable dans cette réconfortante statistique, c'est que de très nombreuses familles messines ou de la Moselle ont fourni de véritables dynasties d'officiers généraux. Pour n'en citer que quelques-unes, nous mentionnerons les familles Perrin, de Chérizey, de Pange, Guillaume, Joba, Merlin, Villatte, Lallemand, Ordener, Grenier, Gudin, Boyer, Mangin, de Maud'huy, Munier, Bizot, Schmitz, de Brem, Henrion, Lanty, Micheler, Putz, etc., etc. Des volumes entiers seraient à écrire sur la vie de tous ces officiers généraux, dont beaucoup ont travaillé avec éclat et dans les premiers plans à la gloire de la France.

Aujourd'hui, dans cette notice établie à l'intention de notre vieille Académie de Metz, nous voulons faire revivre la mémoire des officiers généraux fournis par la famille de Faultrier — trois généraux d'artillerie et un intendant militaire — qui, par leur caractère, leurs services éminents et leur bravoure, ont fait le plus grand honneur à la ville de Metz, qui leur a conservé le plus patriotique souvenir.

DE FAULTRIER DE CORVOL

Maréchal de camp d'artillerie (1726-1802).

Le maréchal de camp de Faultrier de Corvol, de l'arme de l'artillerie, qui fait l'objet de la notice qui va suivre, est le chef d'une grande famille militaire qui a fourni à l'armée trois généraux, un intendant militaire, plusieurs officiers supérieurs, capitaines et lieutenants de diverses armes. La famille, très ancienne, des Faultrier était bourguignonne, des environs de Clamecy, et le premier membre de cette famille qui s'établit à Metz fut de Faultrier (Jean-Claude-Joachim), fils de Faultrier (Joachim-Michel-Eusèbe), écuyer, baron de Corvol, et de Madeleine de La Porte. Etant commissaire d'artillerie à la résidence de Bitche, Jean-Claude-Joachim de Faultrier vint se fixer à Metz et y entraîna une partie de sa famille. Nous le considérerons donc comme Messin, quoiqu'il ne soit pas né dans la Moselle, mais parce qu'il y a fait souche dans des conditions tout à fait exceptionnelles.

De Faultrier (Jean-Claude-Joachim), chevalier de Corvol, naquit à Paris le 2 février 1726. A l'âge de 11 ans, le 21 août 1737, il fut nommé surnuméraire à l'Ecole d'artillerie de Strasbourg, puis fut officier pointeur le 22 octobre 1739. Nommé commissaire extraordinaire d'artillerie le 30 novembre 1744 avec rang de lieutenant, il devint le 22 mars 1752 commissaire ordinaire d'artillerie à la résidence de Bitche, avec rang de capitaine. Six ans après, le 25 février 1758, le capitaine de Faultrier obtint le grade d'aide-major au bataillon d'artillerie de Cosne. Il devint ensuite successivement capitaine de mineurs le 1er janvier 1759, capitaine à la brigade d'artillerie d'Invilliers le 12 avril 1760, major de brigade au régiment d'artillerie de Metz le 20 juin 1764, major le 15 octobre 1765, lieutenant-colonel par commission le 9 mars 1769, lieutenant-colonel titulaire le 1er novembre 1774, colonel par commission le 8 mai 1778 et colonel titulaire le 3 juin 1779.

Comme colonel, de Faultrier de Corvol, commanda le régiment d'artillerie de Metz (devenu plus tard 2e à pied) jusqu'au 5 décembre 1781, date à laquelle il fut nommé brigadier d'artillerie; peu de temps après il reçut le commandement de l'Ecole d'artillerie de Metz et fut promu maréchal de camp le 9 mars 1788. Réformé le 1er juin 1791, le maréchal de camp de Faultrier se retira à Metz, où il jouit de sa pension de retraite; il mourut à Metz en 1802, rue des Clairvaux. Cet officier général, qui avait été fait chevalier de Saint-Louis le 24 juin 1758, avait à son actif de très brillants services de guerre. Il fit, en effet, au cours de la guerre de la Succession d'Autriche les campagnes de 1741 en Bavière, de 1742 en Bohême, de 1743 en Allemagne, de 1744 et 1745 sur le Rhin, de 1746, 1747 et 1748 en Flandre. De 1757 à 1762 il prit part à la guerre de Sept-Ans en Allemagne et de 1777 à 1779 il fit campagne à Saint-Domingue. Nombreuses furent, au cours de ces différentes campagnes, les actions de guerre auxquelles il assista. Pendant la guerre de la Succession d'Autriche il fut, en effet, bloqué dans Frauenberg et fait prisonnier, assista à la bataille de Lahaye (1742), combattit à Dettingen (1743), assista en 1744 au siège de Fribourg, à l'attaque des lignes de Wissembourg et à celle des retranchements de Suffelsheim En 1745, il fit partie de l'expédition de Northeim, assista en 1747 à la bataille de Laufeld et en 1748 au siège de Maëstricht. Partout il se conduisit avec la plus grande distinction. Enfin, en 1758, au cours de la guerre de Sept-Ans, il prit part au siège de Wesel et à la bataille de Warbourg. Ce fut à la suite de cette dernière campagne qu'il fut récompensé par la Croix de Saint-Louis. Nous verrons plus loin que sa carrière si glorieuse et si bien remplie sera continuée aussi brillamment par ses fils.

Le maréchal de camp de Faultrier de Corvol avait épousé le 22 mai 1753, à la paroisse Saint-Gorgon, Mademoiselle Marie Fort dont il eut 13 enfants, 6 fils et 7 filles. L'aîné de ses enfants, Joachim-Jacques-Philippe de Faultrier, capitaine en 1785, est mort comme chef de bataillon d'artillerie en retraite, conseiller de Préfecture de la Moselle, chevalier de la Légion d'honneur et chevalier de Saint-Louis, le 9 janvier 1823. Le second de ses fils, le chevalier de Faultrier (François-Claude-Joachim), est devenu général de division d'artillerie sous le Premier Empire ; il est mort en 1805, à Nordlingen, en Allemagne, à la Grande-Armée ; nous lui consacrerons une notice spéciale. Le troisième fils de de Faultrier de Corvol fut Simon de Faultrier de l'Orme, qui fera aussi l'objet d'une notice particulière, qui devint général de brigade d'artillerie et mourut en retraite à Metz en 1822.

Les trois autres frères des deux généraux précités, Casimir de Faultrier de Bagneux, Benjamin de Faultrier et Alexandre de Faultrier, furent tous trois lieutenants d'artillerie. Seul des six fils du maréchal de camp de Faultrier de Corvol, l'aîné, Joachim-Prosper-Philippe laissa des enfants, dont quatre fils qui furent, avec leur unique sœur, Madame des Aulnois : M. l'intendant militaire Emile de Faultrier, qui fera aussi plus loin l'objet d'une notice et qui eut deux fils dans l'armée, démissionnaires comme lieutenants ; Alfred de Faultrier, ancien magistrat, ancien député de la Moselle, dont un fils fut également capitaine démissionnaire ; le, chef de bataillon du génie Alphonse de Faultrier, mort en 1882 ; le chef d'escadron d'artillerie Charles de Faultrier, mort en 1879.

Comme on le voit, cette famille a largement payé sa dette à son pays. Elle est alliée, d'autre part, au général de Nonancourt, de Longwy, actuellement au cadre de réserve, et à la famille du général comte de Geslin, le héros de Saint-Privat, à la tête du 94e de ligne, actuellement décédé, enfin à la famille de Curel.

Le Chevalier

DE FAULTRIER (FRANÇOIS-CLAUDE-JOACHIM)

Général de division d'artillerie /1760-1805·.

Le général de division d'artillerie chevalier de Faultrier (François-Claude-Joachim) naquit à Metz le 15 août 1760 ; il était, comme nous l'avons dit plus haut, le deuxième fils du maréchal de camp Jean-Claude-Joachim de Faultrier de Corvol, mort à Metz en 1802, dont nous avons relaté la carrière dans la notice qui précède celle-ci. Dès le plus jeune âge, sa carrière était toute tracée ; il devait devenir un brillant artilleur. Entré au service le 31 août 1777, à l'âge de 17 ans, comme volontaire au régiment d'artillerie de Metz, commandé par son père alors lieutenant-colonel, il partit pour l'Amérique avec ce régiment et fit, dans ces conditions, la campagne des Antilles à Saint-Domingue, de 1777 à 1783, sous les ordres des généraux en chef d'Argout, d'Estaing et Bellecombe. Il fut de suite remarqué par ses chefs. Nommé lieutenant en second au corps le 9 mai 1778, il y devint successivement lieutenant en premier le 1er juillet 1784 et fut commissionné capitaine le 5 avril 1787. Affecté par la suite comme capitaine en second à la 10e compagnie d'ouvriers d'artillerie le 1er avril 1791, il servit à Grenoble en même temps que Bonaparte qui s'y trouvait lieutenant et y contracta, avec le futur Empereur, les liens d'une amitié qui dura jusqu'à sa mort.

Le 6 février 1792, de Faultrier fut nommé capitaine commandant à la 2e compagnie d'ouvriers d'artillerie. Ce fut en cette qualité qu'il servit en 1792, à l'armée des Alpes, et qu'il continua à servir à la même armée, les années suivantes, sous les ordres des généraux en chef d'Anselme, Biron, Brunet et Dumerbion. Au cours de ses services à l'armée d'Italie, il attira si favorablement l'attention du commandement, que le 15 février 1794 il fut nommé provisoirement chef de bataillon par le Représentant du Peuple Robespierre, avec la mention que cet avancement lui était accordé « pour sa bravoure, son zèle, son intelligence et « son civisme ». Cette nomination fut confirmée le 20 mai 1794. Promu lieutenant-colonel en 1796, de Faultrier fut ensuite, en 1796 et 1797, sous-directeur et directeur des parcs de l'armée d'Italie, sous Kellermann, Scherer et Bonaparte, et devint colonel sous-directeur à Auxonne.

Vint la campagne d'Egypte. Bonaparte, qui l'avait fortement apprécié à l'armée d'Italie, l'emmena en Orient avec lui le 27 avril 1798. Au cours de cette mémorable campagne, le colonel de Faultrier rendit les plus signalés services. Ce fut lui qui commanda l'artillerie à la bataille d'Aboukir, le 25 juillet 1799, et il montra à cette occasion de telles qualités d'initiative, d'intelligence et de bravoure, qu'il fut cité à l'ordre du jour de l'armée d'Orient. Dès que cette circonstance fut connue à Metz, le Conseil municipal adressa à la famille de Faultrier des félicitations officielles.

Quand Bonaparte rentra en France, il laissa le colonel de Faultrier en Égypte avec Kléber, et ce dernier le récompensa en le nommant général de brigade le 14 mars 1800. Rentré en France lors de l'évacuation de l'Égypte, le général de Faultrier fut encore récompensé de ses éclatants services par le Premier Consul, qui le nomma inspecteur général d'artillerie le 21 janvier 1802.

Directeur des Parcs de l'armée des Côtes de l'Océan en 1803, il fut nommé membre de la Légion d'honneur le 11 septembre 1803, dans une des premières promotions de l'Ordre, et reçut ensuite la rosette d'officier de la Légion d'honneur au camp de Boulogne le 14 juin 1804. Il portait, d'autre part, le titre de chevalier qu'il avait hérité de son père.

A la formation de la Grande Armée, pour la campagne de vendémiaire an XIV, Napoléon, qui l'avait nommé général de division le 1er février 1805, lui confia la mission écrasante de la direction des Parcs de la Grande Armée en septembre 1805. Nul mieux que ce remarquable officier général ne pouvait être l'objet d'un pareil choix, qui était tout indiqué par les travaux auxquels il s'était livré, particulièrement à Strasbourg, en vue de l'amélioration de notre matériel de guerre.

Le labeur considérable et surhumain accompli à l'armée des Côtes de l'Océan par le général de Faultrier, pour organiser l'artillerie de la Grande

Armée, avait altéré sa santé déjà précaire. Doué
d'une énergie peu commune, il voulut, malgré tout,
rester à la tête des importants services dont il
avait la charge, et sa santé fût alors compromise
d'une façon irrémédiable. Mais il avait réussi à
amener à pied d'œuvre, dans de bonnes conditions,
la formidable artillerie de la Grande Armée. Après
les opérations autour d'Ulm, il voulut encore, pré-
jugeant ainsi de ses forces, accompagner cette artillerie, pour la campagne de Moravie. Les fatigues
qui en résultèrent pour lui, par suite des marches
pénibles, à travers de mauvais chemins et sous
des pluies torrentielles, lui donnèrent le dernier
coup. Tombé malade pour ne plus se relever à
Nordlingen, dans les premiers jours de novembre
1805, il mourut dans cette ville le 7 du même
mois, profondément regretté par l'Empereur et par
toutes les troupes qui avaient pu apprécier son
patriotisme, ses talents et son incomparable énergie. Son amer désespoir, en mourant, fut de ne
pas continuer à servir la France et de ne pouvoir
assister aux belles opérations au succès desquelles
il avait contribué pour une large part et qui abou-
tirent au triomphe d'Austerlitz.

Son corps repose à Nordlingen, où il fut inhumé;
mais si sa dépouille mortelle n'a pu être transférée
sur la terre de France, son nom est du moins
gravé dans la pierre de l'Arc de Triomphe de
l'Etoile, où il figure sur le côté sud, à côté de ses
illustres compatriotes messins, les généraux Baltus,
Beaurgard, Burthe, Custines, Kellermann, Lallemand, Lassalle, Richepance et de Semellé, qui ont
été salués comme tant d'autres lors de l'inoubliable
défilé du 14 juillet 1919.

Le chevalier SIMON DE FAULTRIER DE L'ORME
Général de brigade (1763-1832).

Le général de brigade d'artillerie de Faultrier
(Simon), connu sous le nom de de Faultrier de
l'Orme, est né à Metz le 22 août 1763. Il était le
troisième fils du maréchal de camp de Faultrier
de Corvol et frère du général de division chevalier
de Faultrier, qui ont fait l'objet des deux notices
précédentes.

Simon de Faultrier avait de qui tenir, et pour
suivre les traditions de sa famille, il embrassa dès
qu'il le put la carrière militaire, dans l'arme de
l'artillerie. Il entra, en effet, à l'âge de 16 ans, le
15 avril 1779, comme lieutenant en second, au
3e régiment d'artillerie de Besançon, qui devint
ensuite 3e régiment à pied. Il fut d'abord employé
à l'armée des Côtes de l'Océan, pendant la guerre
avec les Anglais, puis, en 1783, lors de la paix
résultant du traité de Versailles, il revint à son
régiment à Besançon. Nommé lieutenant en premier
le 4 mai 1783, capitaine en second le 8 avril 1787,
il devint capitaine commandant le 22 août 1791.
Entré en campagne avec les armées de la Révolution,
il ne devait pas cesser de faire la guerre jusqu'en
1812. Le capitaine de Faultrier fit d'abord partie
de l'armée du Nord en 1792. Après avoir pris part
glorieusement aux affaires de Menin et de Cour-
trai, il servit sous Kellermann à Valmy, où il se
conduisit très brillamment. L'année suivante, en
1793, il fit partie de l'armée de la Moselle et de
la Sarre, assista aux combats de Sarrebruck et de
Kaiserslautern et de là passa à l'armée de Sambre
et Meuse en 1794, pour y rester jusqu'à 1797.

Pendant cette rude période, il prit part au combat d'Arlon où il soutint brillamment, avec 4 pièces de 12, la retraite difficile de l'armée française. Après s'être distingué au siège de Charleroi, il déploya une grande valeur à la mémorable bataille de Fleurus le 24 juin 1794. Au cours de cette bataille, notre cavalerie, commandée par le général Dubois, refoulée par les escadrons autrichiens, se trouva un moment compromise. De Faultrier, par une manœuvre des plus habile, la dégagea par le feu de ses pièces et lui permit de reprendre l'offensive. Félicité après la bataille par ses chefs les généraux Dubois et d'Hautpoul, il fut l'objet d'un rapport spécial très élogieux au général en chef Jourdan, qui le récompensa en le nommant chef de bataillon le 24 septembre 1794. Il assista en cette qualité au siège de Maëstricht où il fut encore remarqué et félicité par le commandant de l'artillerie de l'armée, le général de division de Bollemont, qui le nomma colonel chef de brigade le 13 novembre 1794. L'année suivante, en 1795, le chef de brigade de Faultrier fut employé au siège de Luxembourg et reçut ensuite le commandement de l'artillerie au siège de la forteresse d'Ehrenbreitstein. Quand l'armée fut forcée de lever le siège, par suite de nos échecs près de Francfort, et qu'elle éprouva un autre échec près de Ratisbonne, de Faultrier eut encore occasion de se signaler aux affaires de Bamberg, Wurtzbourg et Giessen, au cours de notre retraite sur le Rhin. A Wurtzbourg, le commandement en chef de l'artillerie lui échut, le général de Bollemont ayant été fait prisonnier.

Vint la campagne de 1797; le colonel de Faul-

trier fut chargé de ramener à Thionville le parc
de siège qui devait aller de nouveau assiéger
Ehrenbreitstein ; mais les préliminaires de Leoben
firent suspendre le mouvement. Il reçut alors le
commandement de l'artillerie de la division commandée par son compatriote le général de Schauen-
bourg.

Après avoir pris part à la campagne d'Helvétie
en 1798, le colonel de Faultrier fut placé à la tête
de l'artillerie d'un corps d'armée qui se formait
en 1799, à l'armée du Bas-Rhin, à Mannheim.

Le 18 février 1800, de Faultrier fut appelé à la
direction générale des parcs de l'armée d'Italie et
le 13 mars suivant il fut nommé au commandement du 2e régiment d'artillerie à pied, que son
père, le maréchal de camp de Faultrier de Corvol,
avait jadis commandé. Ce fut en cette qualité qu'il
participa aux combats livrés près de Gênes, à la
défense du Var, au passage du Minciö ; entretemps,
en juin 1800, il fut envoyé en mission spéciale à
Genève. Après Marengo, il commanda en 1801
l'artillerie au siège de Vérone, où il fut blessé
d'un coup de canon à l'épaule.

En récompence de ses brillants services à l'armée
d'Italie, le colonel de Faultrier reçut, le 11 juin 1802,
le commandement provisoire de l'artillerie de la
République italienne. Nommé ensuite, pour ordre,
le 18 avril 1803, au commandement de l'Ecole d'artillerie de Valence, il ne rejoignit pas ce poste et il
fut maintenu en Italie à la disposition du général
Lacombe Saint-Michel, comme commandant de
l'Ecole d'artillerie de Plaisance ; il reçut enfin, le
11 septembre suivant, le commandement de l'artillerie de la place de Plaisance.

Quand la Grande Armée fut constituée au camp
de Boulogne, Napoléon appela le colonel de Faultrier, le 8 septembre 1804, aux fonctions de directeur du Parc de siège de l'armée des Côtes de
l'Océan. Entretemps il fut fait chevalier de la
Légion d'honneur le 11 décembre 1803, à la création
de l'Ordre, et officier de la Légion d'honneur le
14 juin 1804, au camp de Boulogne.

Après avoir suivi le mouvement de la Grande
Armée pour se porter sur le Rhin, de Faultrier
fut nommé directeur à Bruges, les parcs de siège
n'ayant pas été utilisés ; mais dès la campagne de
Prusse en 1806, il fut rappelé à un poste de
combat et nommé, le 20 avril, chef d'état-major de
la réserve d'artillerie à cheval de la Grande Armée.
Ce fut dans ces fonctions qu'il prit part à l'immor-
telle bataille d'Iéna et à toute la campagne de
Prusse. Les services qu'il y rendit le firent nommer
général de brigade le 22 novembre 1806, avec
affectation au commandement de l'artillerie du
1er corps de la Grande Armée, commandé par le
maréchal Bernadotte.

Pendant la campagne de Pologne, le 28 janvier
1807, peu de temps avant la bataille d'Eylau, le général de Faultrier fut fait prisonnier par un hourrah
de hussards prussiens, alors qu'il dirigeait la réunion
de matériaux pour la construction d'un pont sur
la Vistule ; après un peu plus de six mois de captivité, il rentra en France à la paix de Tilsitt
et reçut le commandement de l'artillerie du corps
d'observation de la Gironde, commandé par le
général Dupont, avec lequel il partit pour l'Espagne.

Nommé pour ordre commandant de l'Ecole d'artillerie de Strasbourg, il fut maintenu à l'armée

d'Espagne. Les circonstances firent qu'il put heureusement échapper à la capitulation de Baylen et il fut encore maintenu en Espagne, comme commandant de l'artillerie d'un corps d'armée de nouvelle formation, aux ordres du maréchal Lefebvre, duc de Dantzig. Il passa ensuite sous les ordres du général Sebastiani, dont il commanda l'artillerie aux sanglants combats de Talaveyra la Reina, de Almeida et d'Ocana, puis au siège de Malaga en février 1810. Après ce siège, voyant sa santé fortement ébranlée par le climat d'Espagne, en campagne depuis trente-deux années, il sollicita de l'Empereur son retour en France en 1811 et obtint sa retraite sur sa demande le 14 février 1812. Ce distingué officier général se retira à Metz, où il mourut le 24 janvier 1832, dans sa maison de la rue Bonne-Ruelle, entouré du respect, de l'affection et de l'estime de tous ses concitoyens.

Il avait été créé baron de l'Empire le 2 mai 1811 et chevalier de Saint-Louis le 18 juin 1817.

Telle fut la brillante carrière du général Simon de Faultrier. Il termina la série des trois généraux d'artillerie que sa famille donna à la France. Mais il était encore réservé à son neveu, l'intendant militaire de Faultrier, de continuer les belles traditions militaires de cette famille. C'est à la biographie de ce dernier officier général que les lignes qui vont suivre sont consacrées.

EMILE DE FAULTRIER
Intendant militaire (1804-1890).

L'intendant militaire Emile de Faultrier est né à Metz le 7 juillet 1804 ; il était le fils du chef de bataillon d'artillerie Joachim-Jacques-Philippe de

Faultrier et de la fille du colonel de Curel. Il
était le petit-fils du maréchal de camp de Faultrier,
de Corvol et le neveu du général de division
d'artillerie de Faultrier, mort en 1805 à Nordlingen, ainsi que du général de brigade d'artillerie
Simon de Faultrier de l'Orme, dont il a été question dans les trois notes précédentes.

Après avoir fait de brillantes études au Lycée
de Metz et y avoir obtenu le prix d'honneur, Emile
de Faultrier entra à Saint-Cyr le 9 novembre 1821,
le septième de sa promotion; il en sortit avec le
n° 27 le 1er octobre 1823, pour entrer à l'Ecole
d'application d'état-major le 1er janvier 1824.

A sa sortie de l'Ecole d'état-major en 1826, il
accomplit ses divers stages régimentaires, avant de
faire partie du service d'état-major.

Ce fut ainsi qu'il servit comme aide-major au
4e cuirassiers en 1826 et 1827. Son stage de cavalerie terminé, il passa comme lieutenant d'état-
major, en novembre 1827, au 11e régiment d'infanterie et termina ensuite sa deuxième année de
stage d'infanterie au 1er régiment de la garde
royale, désignation qui ne se faisait qu'au choix.
Il accomplit ensuite une année de stage au 6e régiment d'artillerie à pied, puis au 3e d'artillerie,
enfin, pour compléter son instruction dans les
troupes des différentes armes, il obtint la faveur
d'accomplir un stage d'un an à Metz au 1er puis
au 2e régiment du génie, pendant l'année 1830.

Vint la Révolution de Juillet; une certaine ef-
fervescence régnait au régiment du génie, comme
dans le reste de la garnison de Metz. Les officiers
du régiment du génie firent tous leurs efforts, qui
furent du reste couronnés de succès, pour main-

tenir le bon ordre et la discipline dans leur corps d'élite ; de Faultrier, par son énergie bienveillante, sa fermeté et son tact, y contribua tout particulièrement et mérita à ce sujet les plus grands éloges de ses chefs.

Ses stages régimentaires accomplis, le lieutenant de Faultrier fut attaché, à partir de mai 1831, aux travaux d'établissement de la carte de France, où étaient détachés de très nombreux officiers du corps d'état-major ; il resta employé dans ce service jusqu'à la fin de 1834. Dans ces fonctions nouvelles, il se montra un technicien habile, en même temps qu'un topographe de premier ordre. Dès 1826, une Commission avait été instituée en vue de régler les modalités à employer pour le figuré du terrain sur la nouvelle carte de France, destinée à remplacer la carte de Cassini, qui ne répondait plus aux besoins reconnus.

Tous les officiers attachés au service de la carte de France furent consultés à ce sujet. De Faultrier qui, de sa propre initiative, avait employé dans ses travaux personnels le système des hachures actuellement en usage, fit prévaloir ce procédé, malgré une très vive opposition de nombre de ses camarades, qui y étaient hostiles. Son rapport à cet égard fut très apprécié et, dès le 4 février 1833, il obtint le grade de capitaine d'état-major.

A l'issue de sa mission topographique, le capitaine de Faultrier fut employé à l'état-major de la 7e division à Lyon de 1835 à la fin de 1838, puis il fut désigné pour servir à Paris et à Versailles comme aide de camp du général Fleury.

A la fin de 1841, tant pour des raisons de famille que par goût pour un service nouveau, de Faultrier quitta le corps d'état-major et fut admis, après concours, en qualité d'adjoint de 2e classe dans le corps de l'intendance militaire. Successivement employé à Lyon, à Verdun et à Metz, comme adjoint de 1re classe et sous-intendant militaire de 2e classe, il fut ensuite promu sous-intendant militaire de 1re classe le 15 août 1852, après avoir été l'objet d'une sorte de disgrâce au moment du coup d'Etat de 1851 et envoyé à Limoges. Il avait, en effet, été l'objet de dénonciations le représentant comme n'étant pas suffisamment dévoué aux idées bonapartistes. En réalité, il ne s'occupait que du bien du service dont il était chargé. Mais, aussi sévère pour ses subordonnés qu'il l'était pour lui-même, il avait provoqué des inimitiés qui mirent la politique au service de leurs rancunes.

A cette époque, il était de règle que la plupart des officiers du corps de l'intendance dussent passer par l'Algérie, où le service des colonnes et des ravitaillements nécessitait la présence d'administrateurs éprouvés. De Faultrier fut appelé à servir ainsi dans notre colonie, du 31 mai 1854 au 3 décembre 1859, comme sous-intendant militaire de 1re classe, dans les provinces d'Alger et d'Oran.

Déjà chevalier de la Légion d'honneur de 1844, ses services en Algérie lui valurent en août 1858 la rosette d'officier de la Légion d'honneur. A la fin de son séjour de six années en Algérie, il rentra en France et obtint les étoiles d'intendant militaire le 24 septembre 1860.

Il reçut le poste de confiance d'intendant de la 5e division militaire à Metz, poste qu'il conserva jusqu'à son passage au cadre de réserve le 20 juillet 1866, après avoir reçu la cravate de commandeur de la Légion d'honneur quelques mois auparavant, le 27 décembre 1865. Il se retira à Troyes où il vécut jusqu'à l'âge de 86 ans, y traînant son chagrin implacable d'avoir vu sa ville natale aux mains des Allemands. Il y mourut en janvier 1890, laissant deux fils, qui furent tous deux officiers, l'un dans la cavalerie, l'autre dans l'infanterie, qui démissionnèrent tous deux et moururent en 1900.

J'ai terminé maintenant ce que j'avais à relater sur les quatre officiers généraux de cette belle famille militaire des de Faultrier, dont le nom est toujours vénéré à Metz.

Il me reste à exprimer un vœu, c'est de voir rechercher par les soins du Souvenir Français la maison qui fut, dans l'ancienne rue des Clairvaux, le berceau de cette famille glorieuse et d'y voir apposer une plaque commémorative, reproduisant les noms des quatre officiers généraux qui ont jeté sur cette famille un lustre si mérité en même temps qu'ils ont honoré la ville de Metz.

Monsieur Joseph LARUE

Par **M. AUBERTIN**.

M. Joseph Larue, archiviste de la Ville, est né à Villers-aux-Oies (arrondissement de Château-Salins), le 1er novembre 1856. Il choisit de bonne heure la carrière de l'enseignement et entra, en octobre 1873, à l'École normale de Metz où il se distingua par son intelligence autant que par son amour de l'étude. Après avoir géré de 1876 à 1878 le poste difficile de Creutzwald, il fut appelé à l'école annexe de l'École normale.

Malheureusement, une affection assez grave du larynx l'obligea au bout d'un an déjà à prendre un congé. Il voulait renoncer à l'enseignement. Cependant, l'état de sa santé s'étant peu à peu amélioré, il reprit du service aux écoles communales de Metz, et fut placé à l'école supérieure des garçons. Il déploya dans cet établissement la plus fructueuse activité, estimé de ses collègues, aimé de ses élèves, qui ont gardé de lui le meilleur souvenir. C'est par centaines que l'on compte

les jeunes gens de Metz auxquels il a appris le
français tout en poursuivant le cours de ses études,
qu'il couronna par l'obtention du diplôme de professeur et directeur de l'école supérieure.

Signalons encore les services immenses rendus
aux instituteurs de la Lorraine comme vice-président de leur Société de secours mutuels, dont il
a été pendant de longues années la cheville ouvrière.

En 1903, son ancien mal le reprit et il se vit
forcé, définitivement cette fois, de renoncer à
l'école.

Il entra au service de la Ville, qui lui confia la
direction de ses archives, service qui correspon-
dait à ses goûts particuliers, à son esprit métho-
dique et un peu méticuleux ; il fut chargé en
outre, à différentes reprises, de la direction de la
Bibliothèque municipale, notamment pendant la
guerre.

Tous les habitués de la Maison ont eu mille
fois l'occasion d'apprécier son inlassable serviabi-
lité et son érudition, que l'Académie de Metz a
reconnue en l'admettant dans son sein. Ayant été
reçu peu de temps avant la guerre, notre nouveau
confrère n'a pu, en raison des circonstances, donner
la mesure de son mérite littéraire.

M. Larue était un noble caractère, franc et loyal
comme les vrais Lorrains.

Mais sa qualité essentielle, c'était la bonté ; il a
été bon pour les siens, bon pour ses amis, bon
pour tous, autant qu'il fut dur pour lui-même.

Je serais incomplet si je ne mentionnais ses sentiments profondément religieux, qui lui firent apporter dans tous les postes qui lui furent confiés

une haute probité, une scrupuleuse exactitude à
l'accomplissement de tous ses devoirs.

Pour terminer, j'ajouterai qu'il fut pendant de
longues années membre d'une Société de charité
où il eut l'occasion d'exercer son zèle et son
amour pour les déshérités de ce monde; sa mémoire, parmi ceux qu'il fut appelé à soulager mo-
ralement et matériellement, sera longtemps en vé-
nération. Ce sera son meilleur éloge.

PROGRAMME

DES

CONCOURS OUVERTS PENDANT L'ANNÉE 1922-1923

Observations générales relatives aux concours.

Le Règlement de l'Académie lui interdit toute discussion de questions politiques ou religieuses. Les concurrents sont priés instamment de tenir compte de cette prescription dans les travaux qu'ils voudront bien lui adresser.

L'Académie n'admet que des œuvres inédites ou des œuvres publiées dans l'année et n'ayant pas été présentées à un autre concours.

Les mémoires présentés devront être adressés, directement et franco, avant le 31 janvier 1923 *(cette date est de rigueur)* à *M. le Secrétaire de l'Académie*, rue Dupont-des-Loges, 25, à Metz.

Les concurrents ne doivent pas se faire connaître.

Cependant les auteurs de travaux qui, pour être appréciés, ont besoin d'être suivis d'expériences, pourront se nommer, afin de mettre l'Académie à même de vérifier avec eux l'exactitude des résultats indiqués.

Cette œuvre portera une devise, reproduite sur un billet placé sous enveloppe cachetée. Dans ce billet, l'auteur indiquera son nom et son adresse : il attestera, en outre, que *son œuvre n'a été présentée à aucun autre concours*. L'enveloppe portera seulement la devise.

Les auteurs de mémoires qui auraient pris part à des concours antérieurs de l'Académie de Metz, *auront soin de ne pas se servir de leurs anciennes devises.*

D'après l'article 3 du Règlement de l'Académie, les *membres titulaires* ne peuvent concourir pour les prix proposés. Par contre, les *membres correspondants* et les *associés libres* n'en sont point exclus.

Les manuscrits envoyés pour les concours ne sont pas rendus. Les auteurs pourront toutefois, sur leur demande, être autorisés à en faire prendre des copies au Secrétariat de l'Académie.

L'Académie a, cette année, deux sortes de concours :

§ I. *Les concours purement académiques ;*

§ II. *Les concours des prix de vertu.*

§ I. CONCOURS ACADÉMIQUES

Programme pour 1922-1923

L'Académie décernera, comme d'habitude, s'il y a lieu, dans sa séance solennelle du mois de mai 1923, des médailles d'or, de vermeil, d'argent, de bronze, des mentions honorables, des prix en argent aux meilleurs travaux concernant les Lettres, les Sciences, les Arts et l'Agriculture.

Elle propose particulièrement comme objets de ce concours les sujets suivants :

1º Une pièce de poésie.

2º Composition (paroles et musique) de 6 à 12 chants scolaires à 1 ou à 2 voix sans accompagnement : sujets patriotiques, épisodes de la grande guerre, faits d'histoire locale. Les chants devront être d'exécution facile ; l'auteur des paroles pourra composer la musique ou la faire composer par un musicien à son gré.

3° Documents sur l'histoire de la.Lorraine pendant la grande guerre. Mémoires et journaux d'internés politiques ou d'autres.

4° Monographie d'une localité lorraine importante.

5° Biographie d'une notabilité lorraine.

6° Etude sur la situation de la culture de la mirabelle dans le Pays Messin.

7° Conditions nouvelles faites à la viticulture par le changement de régime et moyens d'empêcher la destruction du vignoble lorrain.

8° L'émigration après la guerre de 1870-71. Son influence sur la vie sociale en France. Le retour en 1918.

9. Les statues messines de 1918 à 1922.

§ II. **PRIX DE VERTU**

Les rentes de fondations faites à l'Académie par M. le baron J.-C.-E. de Ladoucette, M. J.-F. Pêcheur et Mlle Bouchotte, seront également distribuées, sous forme de prix de vertu, dans la séance solennelle du mois de mai.

A l'occasion de ce concours, l'Académie croit important d'indiquer, d'une manière bien précise, le but exact de cette louable institution. Dans la pensée de ses fondateurs, cette œuvre n'est en principe nullement destinée à venir en aide à la misère humaine, mais plutôt à récompenser, par un hommage public et solennel, toutes les personnes que leur conduite charitable, leur générosité, leur dévouement désintéressé envers des étrangers et même des membres de leur famille, auraient signalées d'une façon toute spéciale à la considération et à l'estime de leurs concitoyens.

L'Académie récompense également les actes cou-rageux de sauvetage.

Elle croit utile de faire remarquer aussi que ces prix de vertu peuvent être obtenus indistinctement par toute personne méritante, habitant l'ancien département de la Lorraine.

Enfin, elle renouvelle la prière, adressée déjà aux autorités civiles et religieuses, de vouloir bien lui signaler les personnes de leur localité qui présenteraient les titres mentionnés ci-dessus, afin d'être à même de remplir le plus exactement et le plus consciencieusement possible la délicate mission qui lui a été confiée.

Toutes les demandes ou communications relatives aux prix de vertu devront être adressées, *directement* et *franco,* avant le 31 janvier 1923, à *M. le Secrétaire de l'Académie*, rue Dupont-des-Loges, 25, à Metz.

Metz, le 1er juillet 1922.

Le Secrétaire.   *Le Président.*

LISTE DES MEMBRES

DES DIVERSES CLASSES DE L'ACADÉMIE

A la date du 1er Juillet 1923

Bureau de l'Académie.

MM.

Président d'honneur : le Préfet de la Moselle.
Président : le chanoine THORELLE.
Président honoraire : lieutenant-colonel baron DEVILLE.
Vice-Président : VICTOR PRÉVEL.
Secrétaire : LÉON MAUJEAN.
Secrétaire-archiviste : HENRI CARREZ.
Trésorier : P. D'ARBOIS DE JUBAINVILLE.

Membres fondateurs et bienfaiteurs de l'Académie.

M. le Maréchal de BELLE-ISLE, fondateur de la Société royale
des sciences de Metz.

Le baron DE LADOUCETTE
Mlle BOUCHOTTE } fondateurs des prix de vertu.
M. PÉCHEUR
M. HERPIN, fondateur du prix dit Herpin.

Membres honoraires.

MM.

1919. BABELON (ERNEST), de l'Académie des Inscriptions et
Belles Lettres, 30, rue de Verneuil, Paris (7e).
1919. BARILLOT (LÉON), artiste peintre, hors concours,
29bis, rue Demours, Paris (17e).
1919. BERTIN (LOUIS-EMILE), de l'Académie des Sciences,
8, rue Garancière, Paris (6e).

1919. BOURGEOIS (Général), de l'Académie des Sciences,
59, avenue La Bourdonnais, Paris (7e).

1919. BRIEUX (Eugène), de l'Académie française, 26, rue
Victor Macé, Paris (9e).

1919. COLSON (Léon-Clément), de l'Académie des Sciences
morales et politiques, 139, boulevard Saint-Germain,
Paris (6e).

1919. DURRIEU (Cte), de l'Académie des Inscriptions et
Belles-Lettres, 74, avenue Malakoff, Paris (16e).

1919. FOCH (Maréchal), de l'Académie française, 52, avenue
de Saxe, Paris (7e).

1919. FOURNIER (Amiral), de l'Académie des Sciences,
65, avenue Bosquet, Paris (7e).

1919. GIRAULT (Charles-Louis), de l'Académie des Beaux-
Arts, 36, avenue Henri-Martin, Paris (16e).

1919. HANNAUX (Emmanuel), artiste-sculpteur, 11, rue de
Saint-Simon, Paris (7e).

1919. D'HAUSSONVILLE (Cte), de l'Académie française, 5, rue
de Constantine, Paris (7e).

1922. LARDEMELLE (Général de), gouverneur de Metz.

1919. LAUDET (Fernand), de l'Académie des Sciences morales et politiques, 2, rue Grébauval, Paris (7e). -

1919. MICHEL (Charles-Louis-André), de l'Académie des
Beaux-Arts, 59, rue Claude-Bernard, Paris (5e)

1919. OMONT (Henri-Auguste), de l'Académie des Inscriptions et Belles-Lettres, 17, rue Raynouard, Paris
(16e).

1900. PAQUET D'HAUTEROCHE (René), au Rucher, à Woippy
(Moselle).

1919. PÉTAIN (Maréchal), de l'Académie des Sciences morales
et politiques, 8, square Latour-Maubourg, Paris
(7e).

1908. PIERNÉ (Henri-Constant-Gabriel), compositeur de
musique, 8, rue de Tournon, Paris (6e).

1897. SCHEIL (R. P. J.-V.), de l'Académie des Inscriptions
et Belles-Lettres, 4bis, rue du Cherche-Midi,
Paris (6e).

1919. VEVER (Henri), joaillier, 59, rue de la Boëtie,
Paris (8e).

Membres titulaires.

MM.

1921. ARBOIS DE JUBAINVILLE (Paul d'), archiviste départemental de la Moselle, O. I. ✺, 35. rue Mazelle.

1922. BAUDOIN-BUGNET, ✺, vice-président au tribunal régional, 4, rue Maréchal-Pétain, Metz-Sablon.

1923. BECK (Léon), O. I. ✺, proviseur du lycée, place Saint-Vincent.

1922. BLONDEAU (Georges), procureur de la République, 20, en Nexirue.

1919. BOMPARD (Maurice), G. O. ✺, ambassadeur de France, sénateur de la Moselle, au château de Novéant.

1922. BOURGOIN, C. ✺, ingénieur général de l'artillerie navale du cadre de réserve, 13, boulevard Clémenceau.

1922. CARREZ (Henri), professeur agrégé d'histoire au Lycée de Metz.

1921. CLÉMENT (Roger), O. I. ✺, ✼, Dr en droit, conservateur des musées et bibliothèque de la ville, 4bis, rue des Bons-Enfants.

1919. CUGNAC (comte de), C. ✺, général de brigade du cadre de réserve, au château d'Aubigny, par Borny.

1920. DARTEIN (Félix de), G. O. ✺, ✼, général de division du cadre de réserve, 35, rue Mazelle.

1920. DELAUNAY (René), O. I. ✺, directeur du conservatoire de musique, 19, quai Félix-Maréchal.

1920. DEVILLE (Raymond), O. ✺, O. I. ✺, lieutenant-colonel en retraite, maire de Plappeville.

1919. ETIENNE (Charles), O. I. ✺, principal du collège de Dieuze.

1901. FORET (Roger-Joseph), avocat, ancien maire de la ville, 29, rempart Saint-Thiébault.

1911. FRANÇOIS (Charles), ✺, docteur en médecine, député de la Moselle, membre du Conseil général, maire de Delme.

1923. GERMAIN (Edmond), C. ✺, ✼, général de division du cadre de réserve, 14, boulevard Clémenceau.

1911. HACKSPILL (l'abbé Louis), docteur en théologie, député de la Moselle, 7, rue de Tivoli, Metz-Queuleu.

1920. HERTZOG (Auguste), ✺, ✺, professeur d'agriculture, 15, rue Mozart.

1923. HIRSCHAUER, G. C. ✻, ✻, général de division du cadre de réserve, sénateur de la Moselle, impasse Pilâtre-de-Rozier, Versailles, et à Longeville.

1920. HUBER (Ernest), O. ✻, ✻, ✻, lieutenant-colonel en retraite, 43, rue Pétain, Metz-Sablon.

1919. LA CHAISE (baron François de), ✻, 8, rue de la Garde.

1898. LAMY (Alfred), ✻, ✻, ✻, président du Conseil général de la Moselle, Vic-sur-Seille.

1909. LEROND (Henri), ✻, instituteur en retraite, Destry · par Brulange.

1909. MAUJEAN (Léon), ✻, professeur à l'École primaire supérieure, 23, rue de Strasbourg, Metz-Plantières.

1921. MOINET (Laurent-François), ✻, ✻, vice-président au Tribunal régional, 19, boulevard Clemenceau.

1900. PELT (Mgr Jean-Baptiste), évêque de Metz, place Sainte-Glossinde.

1920. PFRENGLÉ (Paul), ✻, ✻, ingénieur civil des mines, 15, avenue Foch.

1899. PREVEL (Victor), ✻, ✻, ancien maire de la ville, 20, rue de l'Esplanade.

1909. SAMAIN (Alexis), ✻, négociant, 26bis, rue de la Chèvre.

1920. THIRIA (Michel), ✻, peintre verrier, 50, place Saint-Louis.

1923. THIRIOT (l'abbé Joseph), ✻, curé de Servigny-lès-Sainte-Barbe, par Noisseville.

1897. THORELLE (chanoine Alphonse), ✻, engagé volontaire de 1870, aumônier du Couvent du Sacré-Cœur, à Montigny-lès-Metz.

1921. VAULGRENANT (Albert de), O. ✻, ✻, ✻, général de brigade, 41, rue de la Vacquinière, Montigny-lès-Metz.

1910. WEBER (Alexis), banquier, membre du Conseil général et du Conseil consultatif, Boulay.

1904. WELTER (Timothée), notaire, 16, avenue Foch.

Associés libres résidants.

MM.

1896. BOURGEAT (chanoine GUSTAVE), chanoine titulaire, 8, rempart Saint-Thiébault.

1923. CHAPELIER, ✳, ✠, lieutenant-colonel en retraite, directeur des travaux publics de la ville, 21, rue Paixhans.

1919. DOURT, 10, rempart Saint-Thiébault, et à Angers.

1923. GUINOT (G.), C. ✳, général de division du cadre de réserve, 17, rue Franchet-d'Espérey, Montigny-lès-Metz.

1923. JOB, O. ✳, médecin principal de 1re classe en retraite, 21, rempart Saint-Thiébault.

1910. JUNG (NICOLAS), ✳, ✪, maire de la ville, 12, rue Saint-Clément.

1900. MARET (HENRI), ✪, docteur en médecine, adjoint au maire, 23, quai Félix-Maréchal.

1922. MOUSSAT (EMILE), ✪, ✿, ✠, professeur agrégé des Lettres au Lycée de Metz, 10, rue Chanoine-Collin.

1921. VOIZARD (FRANÇOIS). ✠, médecin-major de 2e clase, avenue Foch.

1914. WESTPHALEN (RAPHAËL DE), docteur en médecine, 6, rue Mazelle.

Associés libres non résidants.

MM.

1920. ADERER (ADOLPHE-JEAN-BAPTISTE), Rédacteur au *Temps*, 9, villa Saïd, Paris (16e).

1904. DORVEAUX (Dr PAUL), bibliothécaire de l'Ecole supérieure de pharmacie de l'Université de Paris, 58, avenue d'Orléans, Paris (14e).

1923. DUVERNOY (EMILE), archiviste départemental de Meurthe-et-Moselle, rue de la Monnaie, Nancy.

1877. GANDELET (Comte ALBERT), camérier secret du pape, 5, rue d'Alliance, Nancy (Meurthe-et-Moselle).

1920. GEISLER (Capitaine JEAN), 9, rue du Manège, Nancy (Meurthe-et-Moselle).

1922. GOSSELIN (CHARLES).

1908. GRENIER (ALBERT), professeur à l'université de Strasbourg (Bas-Rhin).

1878. GURY (ALPHONSE), ancien pharmacien, 2, rue de la
    Planche, Paris.

1920. GUYOT (CHARLES), secrétaire perpétuel de l'Académie
    de Stanislas, 2bis, rue de la Craffe, Nancy (Meurthe-
    et-Moselle).

1904. KIEFFER (abbé J.-J.), Dr és sciences, ✿, membre de
    plusieurs sociétés savantes, professeur au collège
    de Bitche (Moselle).

1920. MENGIN (HENRI), avocat à la Cour d'appel, maire de
    Nancy, 10, place Carnot, Nancy (Meurthe-et-Moselle).

1920. MICHON (LUCIEN), professeur à la Faculté de droit,
    14, boulevard Charles V, Nancy (Meurthe-et-Moselle).

1919. PARISOT (ROBERT), professeur d'histoire à l'université
    de Nancy, 15, rue Sigisbert-Adam, Nancy (Meurthe-
    et-Moselle).

1920. SADOUL (CHARLES), *Correspondant* en 1911, conserva-
    teur du Musée historique lorrain, 29, rue des Carmes,
    Nancy (Meurthe-et-Moselle).

1920. DE WENDEL (CHARLES), *titulaire* en 1910, château
    d'Hayange.

1920. FLEURENT (JOSEPH), *titulaire* en 1909, à Strasbourg.

Agrégés-Artistes.

MM.

1920. BETTANNIER (ALBERT), ✿, artiste-peintre, 13, rue du
    Château, Paris.

1920. BOUR (l'abbé JEAN-JUSTIN), aumônier du Bon Pasteur,
    à Borny.

1899. DASSENOY (Paul), électricien, rue des Bons-Enfants,
    Metz.

1878. DUJARDIN (A.), artiste sculpteur, à Essey-lès-Nancy
    (Meurthe-et-Moselle).

1913. GUÉRIN (URBAIN), sculpteur, En Chaplerue, Metz.

1922. THIRY (HENRI), architecte diplômé du gouvernement,
    rue de Paris, Metz.

Correspondants.

MM.

1919. ADAM (Charles), recteur de l'université de Nancy, Palais de l'Université, place Carnot, Nancy (Meurthe-et-Moselle).

1889. ANCEL (Charles-René), 11, rue des Bégonias, Nancy (Meurthe-et-Moselle).

1913. BARBÉ (Jean-Julien), ✪, 4, rue des Bénédictins, Metz.

1893. BARTHÉLEMY (François), archéologue, 61, rue de Rome, à Paris (8e).

1910. BELLEVOYE (François-Lucien), orfèvre, Epernay (Marne).

1911. BELLIÉNI (Charles-Henri), place Carnot, Nancy (Meurthe-et-Moselle).

1901. BONNARDOT (François), ancien conservateur de la bibliothèque de Verdun (Meuse).

1919. DE BOUGLON (Bon), de l'Académie des Jeux Floraux, Toulouse (Haute-Garonne).

1899. BOULAND, docteur en médecine, 95, rue de Prony, Paris (17e).

1878. BOYÉ (Bernard-Arthur-Pierre), avocat à la Cour d'appel de Nancy, 53, rue Hermite, Nancy (Meurthe-et-Moselle).

1883. COLLIGNON (René), ancien médecin aide-major au 25e de ligne, Jaulny (Meurthe-et-Moselle).

1914. COURTY, astronome à l'observatoire de Floirac-Bordeaux (Gironde).

1919. COUTIL (Léon), archéologue, à Saint-Pierre-de-Vauvray (Eure).

1919. DENNERY (Général Justin), 95, avenue du Roule, Neuilly-sur-Seine (Seine).

1919. DEPEYRE (Gabriel), de l'Académie des Jeux Floraux, Toulouse (Haute-Garonne)

1911. DES ROBERT (Edmond), 48, rue Hermite, Nancy (Meurthe-et-Moselle).

1920. DESSEZ (Charles-J.-B.-Dom.), O. ✿, inspecteur d'académie de Meurthe-et-Moselle, à Nancy,.

1906. DUCROCQ (Georges), 99, boulevard Raspail, Paris.

1919. DURÉAULT (A.), secrétaire perpétuel de l'Académie de Mâcon (Saône-et-Loire).

1914. DOUBLET, astronome à l'observatoire de Floirac-
        Bordeaux (Gironde).

1919. FELDMANN (Général), 15, rue de l'Horlogerie, Ver-
        sailles (Seine-et-Oise).

1919. FERRY (Désiré), avocat à la Cour d'appel de Paris,
        député de Meurthe-et-Moselle, Pont-à-Mousson.

1903. FLORANGE (Jules), Sierck.

1920. FRÉCHARD (Louis), en religion Frère Adrien, pen-
        sionnat des Frères, à Hachy, par Habay-la-Neuve
        (Belgique).

1908. GAUCHEZ (Maurice), ex-collaborateur de la *Revue de
        Belgique*, Bruxelles (Belgique).

1919. GÉRARD (Emile), de la Société académique de Châlons-
        sur-Marne (Marne).

1881. GERMAIN DE MAIDY (Léon), secrétaire perpétuel de
        la Société d'archéologie lorraine, 26, rue Héré, à
        Nancy (Meurthe-et-Moselle).

1919. HALLAYS (André), 33, boulevard Raspail, Paris.

1903. HELMER (Paul-Albert), sénateur du Haut-Rhin,
        3, place de la Madeleine, Paris.

1919. HYDE (James), 18, rue Adolphe-Yvon, Paris.

1895. JEANTY (Eugène) à Sarreguemines (Moselle).

1919. KEMP (Alphonse), ingénieur des arts et manufactures
        E. C. P. à Luxembourg.

1891. KNŒPFLER, chef de clinique à la Faculté de médecine
        de Nancy, 13, rue du Faubourg-Saint-Georges, Nancy
        (Meurthe-et-Moselle).

1909. LALANCE (Jean), commandant d'artillerie en retraite,
        2, rue de l'Atrie, Nancy (Meurthe-et-Moselle).

1919. DE LAVALETTE DU COETLOSQUET, lieutenant-colonel,
        du service géographique de l'Armée, 140, rue de
        Grenelle, Paris (17e).

1894. LÉVY (l'abbé Joseph), curé de Grussenheim (Haut-Rhin).

1919. LEX (Léonce), archiviste de Saône-et-Loire, de l'Aca-
        démie de Mâcon (Saône-et-Loire).

1896. MARGOT (Charles), ancien préparateur de physique à
        l'université de Genève (Suisse).

1919. DE MECQUENEM (Charles), colonel d'artillerie en
        retraite, Bourges (Cher).

1919. DE MONTESSUS, commandant en retraite, château de
       Montessus.
1913. NICOLAS (Emile), greffier du tribunal, Nancy.
1907. DE PANGE (Cte Jean), 54, rue de Varenne, Paris.
1920. RISTON (Bon Jacques), à Malzéville près Nancy (Meurthe-
       et-Moselle).
1919. SAINTENOY (Paul), 123, rue de l'Arbre bénit, Bruxelles
       (Belgique).
1919. SCHMIT (Emile), pharmacien, de la Société académique
       de Châlons-sur-Marne (Marne).
1911. STOUFF (Marie-Pierre-Xavier-Louis), professeur d'his-
       toire à l'université de Dijon, à Meylan (Isère).
1878. THIRION (Maurice), Dr ès lettres) professeur d'histoire
       au lycée de Lille (Nord).
1919. VALIN (Lucien), maire de Rouen (Seine-Inférieure).
1894. VAN WERVEKE (Nicolas), professeur honoraire, 64,
       avenue de la Fayencerie, Luxembourg (Grand-Duché).
1898. VIANSSON-PONTÉ (l'abbé), curé de Haucourt (Meurthe-
       et-Moselle).
1911. WETTERLÉ (l'abbé Emile), député du Haut-Rhin,
       Colmar (Haut-Rhin).

TABLE DES MATIÈRES

Imprimerie Lorraine, 14, rue des Clercs.

PUBLICATIONS
DE L'ACADÉMIE DE METZ

Sont épuisés les volumes de 1821 à 1858 inclus; il n'y a plus possibilité de livrer de collection complète.

DEUXIÈME SÉRIE. — Mémoires de l'Académie impériale de Metz.

1858-1859, 1 vol. 6 50		1865-1866, 1 vol. 3 50
1859-1860, 1 .... 5 50		1866-1867, 1 .... 4 50
1860-1861, 1 .... 5 »		1867-1868, 2 .... 7 »
1861-1862, 1 .... 5 50		1868-1869, 1 .... 8 »
1862-1863, 2 .... 9 »		1869-1870, 1 .... 8 »
1863-1864, 1 .... 8 »		1870-1871, 1 .... 1 50
1864-1865, 1 .... 3 50		

TROISIÈME SÉRIE. — Mémoires de l'Académie de Metz.

1871-72 ... 4 50	1886-87 .... 4 »	1901-02 .... 2 50
1872-73 .... 5 »	1887-88 .... 6 »	1902-03 .... 3 »
1873-74 .... 7 »	1888-89 .... 4 »	1903-04 .... 3 »
1874-75 .... 7 »	1889-90 .... 3 »	1904-05 .... 3 »
1875-76 .... 7 »	1890-91 .... 5 50	1905-06 .... 3 50
1876-77 .... 3 »	1891-92 .... 3 50	1906-07 .... 4 »
1877-78 .... 7 »	1892-93 .... 4 50	1907-08 .... 7 »
1878-79 .... 3 50	1893-94 .... 3 75	1908-09 .... 3 »
1879-80 .... 4 50	1894-95 .... 7 »	1909-10 .... 6 50
1880-81 .... 8 »	1895-96 .... 4 »	1910-11 .... 6 »
1881-82 .... 8 »	1896-97 .... 3 75	1911-12 .... 6 50
1882-83 .... 3 »	1897-98 ... 3 »	1912-13 .... 5 50
1883-84 .... 5 »	1898-99 .... 3 »	1913-14 .... 4 »
1884-85 .... 5 »	99-1900 .... 3 »	
1885-86 .... 6 50	1900-01 .... 3 »	

QUATRIÈME SÉRIE. — Mémoires de l'Académie nationale de Metz.

1914-1920.................10 »	Centenaire............... 4 »
1921-1922........... ....10 »	

Tables.

Tables 1819-1871......... 3 50   Tables 1819-1903.........10 »

Suppléments.

Journal de dom J. François 5 »   Annales de Baltus........ 5 »

www.ingramcontent.com/pod-product-compliance
Lightning Source LLC
LaVergne TN
LVHW080217200726
843507LV00006B/1011